Ação direta e
outros escritos

edição brasileira© Hedra 2023
organização© Acácio Augusto
tradução e notas© Mariana Lins
apresentação© Acácio Augusto e Helena Wilke

edição Jorge Sallum
coedição Suzana Salama
assistência editorial Paulo Henrique Pompermaier
revisão e preparação Rogério Duarte
capa Lucas Kröeff

ISBN 978-85-7715-726-6
conselho editorial Adriano Scatolin,
Antonio Valverde,
Caio Gagliardi,
Jorge Sallum,
Ricardo Valle,
Tales Ab'Saber,
Tâmis Parron

Grafia atualizada segundo o Acordo Ortográfico da Língua Portuguesa de 1990, em vigor no Brasil desde 2009.

Direitos reservados em língua portuguesa somente para o Brasil

EDITORA HEDRA LTDA.
Av. São Luís, 187, Piso 3, Loja 8 (Galeria Metrópole)
01046–912 São Paulo SP Brasil
Telefone/Fax +55 11 3097 8304
editora@hedra.com.br

www.hedra.com.br
Foi feito o depósito legal.

Ação direta e outros escritos

Voltairine de Cleyre

Acácio Augusto (*organização*)
Mariana Lins (*tradução e notas*)
Emma Goldman (*posfácio*)

1ª edição

hedra

São Paulo   2023

Voltairine de Cleyre (1866-1912) foi anarquista, poeta, escritora, conferencista e linguista. Coerente com as próprias ideias, organizou sua vida e sua obra a partir do valor da dignidade humana e do desejo apaixonado pela liberdade. Iniciou a carreira de militante no pacifismo, mas o desenvolvimento acelerado do capitalismo nos Estados Unidos e eventos marcantes como a Revolução de 1905, na Rússia, e a Revolução Mexicana, em 1910, alteraram-lhe a compreensão acerca dos métodos e a levaram a abraçar a ação direta.

Ação direta e outros escritos é uma antologia de três textos fundamentais para a compreensão do pensamento de Voltairine de Cleyre. No primeiro artigo, a autora apresenta uma síntese não dogmática do núcleo fundamental do anarquismo que, para ela, é *potencialidade humana* e dispõe as pessoas à luta. Não por acaso, de Cleyre é chamada de "anarquista sem adjetivos" pela defesa radical da pluralidade das muitas formas de definir e viver esse movimento. Em "O anarquismo e as tradições americanas", a escritora traça um paralelo entre a Revolução Americana e o anarquismo, criticando de forma contundente a progressiva degradação das propostas dos "pais fundadores" dos Estados Unidos. Finalmente, em "Ação direta", texto central desta edição pela atualidade, a autora explicita os motivos pelos quais julga adequadas as ações *contra a representação*, isto é, intervenções políticas ativas na realidade concreta, não obrigatoriamente violentas, mas sem excluir que, em momentos estratégicos, são necessárias ações diretas enérgicas.

Emma Goldman (1869-1940) foi uma revolucionária anarquista de origem russa que migrou para Rochester (EUA) em 1886. Em 1899, mudou-se para Nova York e conheceu Alexander Berkman, destacado anarquista que além de grande amigo e companheiro político foi também seu amante durante determinada época. Como grande parte dos emigrantes do leste europeu, Goldman trabalhou em uma fábrica — de roupas —, onde tomou contato com as doutrinas socialistas e anarquista. Ativista dos direitos da mulher, uniu-se a Margaret Sanger na luta pelo controle de natalidade e deu palestras por todo os Estados Unidos, um dos motivos que levaram à sua perseguição constante pelos agentes do FBI. Foi presa inúmeras vezes entre 1893 e 1921, acusada de incitar rebeliões e opor-se, entre outras ações, à Primeira Guerra Mundial e ao alistamento militar. Em 1931, publica sua autobiografia e mantém intensa atividade como palestrante, além de residir nos principais países da Europa. Durante a Guerra Civil Espanhola, em 1936, apoiou ativamente os anarquistas na luta contra o fascismo. Faleceu em Toronto, Canadá, em 1940.

Acácio Augusto é doutor em Ciência Sociais, com enfoque em política, pela Pontifícia Universidade Católica de São Paulo (PUC-SP), onde também é pesquisador do Nu-Sol (Núcleo de Sociabilidade Libertária). Professor no departamento de Relações Internacionais da Universidade Federal de São Paulo (UNIFESP), onde coordena o LASInTec (Laboratório de Análise em Segurança Interacional de Tecnologias de Monitoramento), e também no programa de pós-graduação em Psicologia Institucional da Universidade Federal do Espírito Santo (UFES). Atualmente coordena o curso de Relações Internacionais da UNIFESP.

Mariana Lins é doutora em Filosofia pela Universidade Federal da Bahia (UFBA) e trabalha na interface entre filosofia, literatura, política e crítica literária, com destaque para a filosofia de Nietzsche, a literatura de Dostoiévski e o movimento populista russo da segunda metade do século XIX. É autora do livro *O herói niilista e o impossível além do homem: uma investigação filosófica do romance* Os demônios *de Fiódor Dostoiévski*. Atualmente, é bolsista de pós-doutorado pela Universidade Federal de Sergipe, onde também atua como professora colaboradora nos cursos de graduação e pós-graduação em Filosofia.

Helena Wilke é doutoranda no programa de pós-graduação em Sociologia da Universidade de São Paulo (USP) com o projeto *Justiça e Práticas Restaurativas: controles e penalidades contemporâneos*. É pesquisadora no LASINTEC (UNIFESP) e integrante do grupo de pesquisa Teoria dos Sistemas e Crítica da Racionalidade Neoliberal, do departamento de Sociologia da FFLCH-USP, coordenado pelo Prof. Dr. Laurindo Minhoto.

Sumário

Apresentação, *por Acácio Augusto e Helena Wilke* 9

AÇÃO DIRETA E OUTROS ESCRITOS. 19

Anarquismo 21

O anarquismo e as tradições americanas 47

Ação direta 71

Posfácio, *por Emma Goldman* 101

Apresentação

*Anarquia e ação direta: as palavras
de fogo de Voltairine de Cleyre*

ACÁCIO AUGUSTO

HELENA WILKE

Voltairine de Cleyre é uma figura singular na história das lutas anarquistas. Pouco conhecida, fez de sua existência uma experimentação radical de militantismo libertário na qual vida, obra e luta compõem uma só experiência de escândalo e verdade. São poucos os escritos dela (e sobre ela) que circulam em língua portuguesa: artigos traduzidos na revista *verve*, do Nu-Sol, como o belíssimo escrito biográfico de Emma Goldman sobre a amiga (*verve* 36, 2019), a edição muito cuidadosa de uma coletânea de ensaios pela editora portuguesa Barricada de Livros, alguns zines de coletivos militantes e reproduções em sites anarquistas. Esta coletânea de textos aqui apresentada, portanto, é um esforço de fazer conhecer as palavras de fogo desta mulher que viveu os embates pela liberdade em si mesma, numa *pequena guerra permanente* contra o mundo da autoridade democrática que, ao longo do século XX, se tornaria imperial: os Estados Unidos da América.

Isto confere grande atualidade aos ensaios aqui publicados. No momento mesmo em que foram escritos, os EUA se projetavam planetariamente como a chamada maior democracia do mundo. Voltairine, nestes escritos, mostra o ridículo dos sujeitos 100% americanos, olha para as lutas contra a escravidão e dos trabalhadores (muitos imigrantes), explicitando as diferenças entre guerra civil e revolução, demarcando de forma intransigente a distância inconciliável entre a defesa do Estado mínimo e a antipolítica dos anarquistas na recusa de qualquer forma de governo, mostrando a farsa do majoritarismo democrático e afirmando o federalismo anarquista contra a descentralização administrativa defendida pelos federalistas estatais após as guerras pela independência.

Como definiu certa vez o engenheiro anarquista, nascido na Espanha e radicado em Cuba, Fernando Tarrida del Mármol, Voltairine era uma anarquista sem adjetivos, expressão cunhada pelo próprio Mármol em texto no *La Révolte*, em 1889. Embora fosse uma admiradora dos textos de Benjamim Tucker e leitora ávida de Pierre-Joseph Proudhon — o que levaria a adjetivar seu anarquismo como individualista e classificá-la como anarcoindividualista —, Voltairine afirmava a potência da anarquia ao transitar por diferentes elaborações a respeito dos anarquismos e da vida social e biológica de forma geral, nunca se restringindo a uma ou outra teoria das relações humanas ou se apegando a uma identidade específica. Para ela, a anarquia não era uma visão de mundo ou uma grade de orientações filosóficas de como viver, mas se apresentava como potência das pessoas ousadas, inquietas, indômitas, revoltadas, mutáveis, insaciáveis e preocupadas com as condições do presente. A anarquia aparece em seus escritos como potência, como virtualidade para as pessoas dispostas à luta, não para especialistas, mas para gente extremamente simples. Isso não pode ser confundido com uma recusa à investigação filosófica ou qualquer forma de anti-intelectualismo, ao contrário, não há falta de seriedade e rigor no trabalho de Voltairine. Ela é muito atenciosa com as pessoas que ensinava, com os anarquismos, com seus textos e falas (que eram sempre escritas previamente). Esse rigor e seriedade ficam evidentes na escolha minuciosa das palavras, na lógica e agudeza de suas análises que se formavam e rapidamente passavam ao papel, a serem melhoradas, polidas, revisadas.

Voltairine foi uma professora das mais dedicadas, apesar das limitações físicas e sérios problemas de saúde que lhe causavam fortes dores. Além do inglês, lecionava a língua francesa, oferecia aula de música e caligrafia para ganhar a vida e cuidar de sua mãe adoecida. Aprendeu ídiche ao lecionar sobre anarquismo para judeus imigrantes no gueto da Filadélfia, a cidade do amor fraternal que era extremamente hostil aos anarquistas. Além das aulas, publicou centenas de poemas, ensaios e artigos em revistas anarquistas como *Lucifer*, *Free Society*, *Mother Earth*, *Les Temps Nouveaux*. Traduziu para o inglês os livros de Jean Grave e Francisco Ferrer, deixando a tradução da autobiografia de Louise Michel não concluída. George Brown, orador anarquista na Filadélfia e contemporâneo de Voltairine, a considerava a mulher mais intelectual que já conhecera e, também, a mais paciente, corajosa e amorosa.

Voltairine de Cleyre nasceu em 17 de novembro de 1866 numa vila de Leslie, Michigan, passou a maior parte de sua vida na Filadélfia e morreu em Chicago, em 1912, onde morou por quase dois anos. Seu avô materno foi membro da *Subterrâneo*, uma associação que ajudava pessoas escravizadas a fugirem para o Canadá, e para quem, segundo Voltairine, a lei estava geralmente distante da vida efetiva, e a ação direta era um imperativo. Seu pai foi um liberal e livre-pensador, admirador dos escritos de Voltaire, de onde retirou o nome da filha como uma homenagem ao escritor e filósofo francês. Ele havia emigrado da França para os Estados Unidos da América aos 18 anos e lutou na Guerra Civil pelos estados do Norte. Segundo a biografia escrita por Paul Avrich, Voltairine foi uma criança rebelde e brilhante que escreveu seu primeiro poema, *I wish*, aos 6 anos de idade. Seu pai, que havia se convertido ao catolicismo, a enviou para ser criada em um convento de freiras no Canadá. Para ela, foi uma experiência extremamente dolorosa e marcante; ela considerava a vida no convento um encarceramento, do qual tentou fugir atravessando um rio a nado e, sem dinheiro algum, acabou na casa de amigos dos seus pais que a enviaram de volta ao enclausuramento. No entanto, ela viveu a experiência da formação religiosa de forma ambígua, pois ao mesmo tempo que recusava a clausura e a austeridade da vida monástica, se sentida atraída pelos ideais fraternais e dadivosos professados pelo catolicismo, como a ajuda aos pobres e às pessoas em desalento. No entanto, ao perceber a hipocrisia de tais ideias e ter sua mente de criança povoada pelos fantasmas da religião, recusou a fé cristã e se proclamou uma livre-pensadora, dedicando-se, segundo suas palavras, "não a Deus, mas ao homem".

Dessa recusa à religião emerge o interesse pela anarquia. Como sua amiga Emma Goldman, assiste às mobilizações grevistas que culminaram na Batalha do Haymarket e fica impactada com o que vê. Sua conclusão diante das armações da polícia e da execução dos nove companheiros anarquistas é inequívoca: "Sim, está crescendo. Sua palavra de medo, nossa palavra de fogo, ANARQUIA" (Voltairine em Avrich, 2018, p. 90). Essa frase resume não apenas o sentimento de Voltairine após a revolta de Haymarket, em 4 maio de 1886, em Chicago, como sintetiza sua posição em meio às lutas anarquistas. Uma posição decidida e corajosa, pois naquele momento muitos julgavam que o movimento anarquista também morria com as execuções, extradições e perseguições das autoridades, especialmente da polícia e seus juízes.

Sua geração viveu em meio à intensa atividade, configuração e proliferação do movimento anarquista que, nos EUA, se formou após a Guerra Civil. Um movimento marcado pelos enforcamentos de Haymarket, em 1887; pela greve de Homestead, em 1892; pelo assassinato de McKinley, em 1901; pela fundação e proliferação em território estadunidense da Associação Internacional dos Trabalhadores (AIT). Tratou-se de momento histórico conhecido como a "Era Dourada", de ascensão do capitalismo e dos EUA como potência planetária, ao mesmo tempo que todos os Estados passavam por um processo de centralização e burocratização dos seus governos. Mas foi também um momento em que por todo planeta se experimentava diversas formas de viver a anarquia. O anarcocomunismo, anarcossindicalismo,

APRESENTAÇÃO

anarcoindividualismo, sempre foram formas associadas a uma prática específica, e não a uma figura de proa ou uma escola filosófica, sendo, além disso, práticas que coexistiam em tensão, nunca acolchoadas em pluralismos niveladores. Essas diferentes experimentações dos anarquismos preenchiam os *meetings* e periódicos libertários da época com discussões sobre o pacifismo e revolução, o uso da violência e sua relação com a ação direta, o autoritarismo dos marxistas e as armadilhas das democracias liberais. Num ponto, em meio a essas discussões, os anarquistas estavam de acordo e se distanciavam, em bloco, especialmente dos outros socialistas: afirmavam que as lutas para a abolição da propriedade e da exploração do capital não se apartam das práticas de liberdade e não seriam alcançadas por meios autoritários, como defendiam os partidários de uma ditadura do proletariado.

Voltairine passou a vida na pobreza, tendo um estilo de vida austero, resistindo ao "culto das coisas", com saúde frágil, enfrentando diversas doenças, mas com obstinação e atividade incessante, nunca se aproximando de uma existência miserável. Nos EUA, foi contemporânea e associada de anarquistas como Emma Goldman e Alexander Berkman, Benjamin Tucker, Johann Most, Josiah Warren, Lucy Parsons. O historiador anarquista Paul Avrich a chamou de *figura menor*. Talvez por isso concentre essa enorme potência que salta dos textos aqui reunidos. Pouco conhecida, por motivos incertos, tratava-se de uma pessoa visceral e delicada, elegante e corajosa, contra o luxo e muito generosa. Era descrita por seus camaradas como uma pessoa simples e sofisticada, afeita à inteligência e à rejeição de dogmas. Era uma profunda conhecedora da história dos EUA, que dominava com precisão, sempre pela perspectiva libertária dos embates e lutas, não das formalizações institucionais e legais. Por isso, era uma ferrenha opositora da centralização e da violência de Estado, da sujeição individual, do capitalismo, da exploração da mulher e da opressão do casamento.

Voltairine passou a vida oferecendo palestras sobre anarquismo. Viajou a Ohio e Pensilvânia, palestrando em nome da

American Secular Union, à Escócia e à Grã-Bretanha, onde conheceu e tornou-se amiga de Kropotkin, Max Netllau, Louise Michel e diversos anarquistas espanhóis, russos e franceses. Foi próxima de Jean Grave, que conheceu em Paris por ocasião de uma visita a Sébastian Faure, quando conheceu de perto suas experimentações em educação libertária na La Ruche. Sempre em movimento e atenta às lutas e conversações, Voltairine transitou pelo individualismo de Benjamin Tucker, pelo mutualismo de Proudhon e pelo pacifismo de Tolstói, afastando-se de rótulos e identidades pré-estabelecidos. Recusava sobretudo as concepções de sociedade do comunismo e do socialismo autoritário que, segundo ela, culminavam numa regulamentação redutora de possibilidades e experiências de liberdade, ou seja, eram apenas, em suas palavras, a "futura escravidão". No lugar da fórmula marxista de que os homens são o que as circunstâncias os fazem, afirmou que "as circunstâncias são o que o homem as faz" (Voltairine em Avrich, 2018, p. 141).

A elegância de Voltairine é sempre destacada nos depoimentos de seus alunos e camaradas. Sua delicadeza era acompanhada de seu ardor pela anarquia, a quem respeitava assim como a própria vida. Por isso abominava a forma com que certos intelectuais transformavam o anarquismo em moda e frequentavam, se encantando, os mesmos lugares que a burguesia. Sobre Samuel Gordon, companheiro com quem rompeu por lhe exigir o "programa" regular da vida conjugal, disse a Kropotkin certa vez que a paixão pela anarquia havia esfriado junto à conquista do sucesso material.

Em 1892, ajudou a fundar a *Ladie's Liberal League*, depois unida à *Radical Library*, fornecendo palestras sobre sexo, anarquismo e revolução. Inspirada pelo libertário inglês William Godwin, escreveu sobre o amor livre e contra o casamento e a exploração da individualidade. Após ler Henry David Thoreau, escreveu sobre a exploração da terra. A exemplo de Errico Malatesta e Louise Michel, se recusou a denunciar um ex-aluno que lhe acertou um tiro, produzindo como reposta ao atentado que sofreu um discurso contra o sistema penal: "os maiores crimes são cometidos pelo próprio Estado. Mas este chefe dos assassinos, com suas próprias mãos vermelhas com o sangue de centenas de milhares, assume a correção de infrações individuais, decretando milhares de leis para definir os vários graus de ofensa e punição, e assim empilha belas pedras com o propósito de enjaulá-los e atormentá-los. O Estado pune por milhares de anos e não nos livramos do crime, não o diminuímos" (Voltairine em Avrich, 2018, p. 154). Assim, encontra-se na vida e nos escritos de Voltairine o que é inegociável para os anarquistas: a recusa de uma educação pautada nos castigos e recompensas que tem no sistema de justiça criminal e no Direito sua expressão terminal.

A questão das punições sempre foi crucial para os anarquismos. Desde as críticas demolidoras de William Godwim contra o crime e as punições, no final do século XVIII; a demonstração do Direito e do governo fundado no regime da propriedade, por Proudhon, no século XIX, e os escritos dos fourieristas do jornal *La Phalange,* no mesmo momento, durante a emergência das prisões após a Revolução Industrial; ação de anarquistas como Émile Henry, condenado à morte por dois atentados contra a burguesia de Paris, que fez do momento de seu julgamento um embate contra o sistema penal que o condenava. Por travarem essas lutas, eram alvos diretos do que Michel Foucault nomeou de racismo de Estado. Nos EUA, assim como em outros países das Américas, incluindo o Brasil, foi promulgada, em 1903, a lei antianarquista, que impedia anarquistas estrangeiros de entrarem no país se fossem associados às ideias e movimentos ácratas.

No contexto deste início de século nos EUA, em 1906, Emma Goldman, considerada a mulher mais perigosa da América, lança a revista *Mother Earth,* que contou com diversas contribuições de Voltairine. Muito diferentes em estilo, as duas nunca se deixaram. Emma a visitou e a acompanhou nos piores momentos de sua saúde, e Voltairine defendeu publicamente Alexander Berkman, companheiro de Emma e de quem era grande amiga, quando foi acusado de planejar a morte de um industrial. Voltairine sempre apoiou Emma em todas as acusações e prisões que sofreu, como a própria Emma conta em texto sobre Voltairine no posfácio desta edição.

Em "Anarquismo e as tradições americanas", Voltairine trata das revoluções ocorridas em território hoje estadunidense, desde o período colonial à declaração de Independência dos EUA, em 1776. Pela história, com alta precisão, situa as relações ou diferenças entre práticas de guerra e revolução, entre governo e liberdade, entre a defesa de um Estado-mínimo (dos republicanos revolucionários) e o não governo, a antipolítica dos anarquistas. O governo pela maioria, afirma, é impossível, uma vez que qualquer governo é ou será manipulado por uma minoria muito pequena, além de ser indesejável, pois coagiria sobre a liberdade de associação voluntária para a administração de assuntos comuns.

Sobre os ideais democráticos de contrato e constituição, Voltairine afirma que, após um século de independência dos EUA, os que acreditam na liberdade pensam que esta deve ser ensinada. Se têm razão, que não o seja o governo a ensinar, pois este é uma instituição assentada no sangue do povo, voltada, por meio da força ou do interesse, apenas para si e para garantir a si próprio. Voltairine atacava frontalmente a tirania que se configurava devido ao desenvolvimento do comércio e da indústria, concomitantemente ao de um governo forte. Afirmava que a Constituição foi feita principalmente devido às exigências do comércio, sendo, "desde o princípio, uma máquina mercantil, ante a qual os demais interesses do país, como a terra e os interesses trabalhistas, já previam que destruiria suas liberdades". Demonstrava que as leis eram manipuláveis e maleáveis, ajustadas à conveniência *dos* e *para* os tribunais aos quais pertenciam, mesmo quando, por meio delas, o povo buscava recuperar algum tipo de liberdade. E conclui, a respeito das lutas da geração de 1776, que não há compromisso possível entre governo e liberdade, pois uma vez que o primeiro se torna garantidor da segunda, os chicotes dos sujeitos livres passam a açoitá-los.

APRESENTAÇÃO

Em "Ação Direta", seu escrito mais conhecido, que fecha esta edição, Voltairine apresenta uma formulação urgente e mais do que nunca atual a respeito da violência. Uma definição de ação direta marcadamente antipolítica:

> Mas quem então são as pessoas que, pela essência mesma das suas crenças, estão comprometidas, de modo exclusivo, com a ação direta? Certamente, os resistentes não violentos [*non-resistents*]; precisamente aqueles que não acreditam em nenhuma forma de violência! Só não se cometa o erro de inferir que eu tenha dito que a ação direta é o mesmo que a resistência não violenta; de forma alguma. A ação direta pode ser o extremo da violência, ou tão tranquila quanto as águas do reservatório de Siloé que fluem mansamente. O que eu digo é o seguinte: os verdadeiros resistentes não violentos só podem acreditar na ação direta, nunca na ação política. Pois a base de toda ação política é a coerção; mesmo quando o Estado realiza coisas boas, no frigir dos ovos, fundamenta-se sobre o porrete, a arma ou a prisão, pois seu poder é levá-los a cabo (p. 73–74).

Assim, tanto ataques à propriedade como greves e boicotes podem ser ações diretas, definidas como atitudes tomadas sem mediações. São, portanto, contrárias à política e ao exercício do poder de Estado e, consequentemente, à violência que lhe é inerente. Independentemente da tática utilizada, o Estado reprovará as ações que lhe são contrárias, a exemplo dos Quakers, acusados pelos Puritanos de "perturbarem o mundo ao pregarem a paz", por se recusarem a pagar impostos à Igreja, a usar armas e a jurar lealdade a qualquer governo.

Pouco antes de sua morte, Voltairine se viu envolvida com a revolução no México, que considerava uma experiência genuína de ação direta, de reapropriação da terra pelos camponeses. Ela se tornou correspondente do jornal *Regeneración*, do movimento de Ricardo Flores Magón, e organizou a Conferência de Defesa Liberal Mexicana. Seu último poema, *Written-in-Red*, foi dedicado aos seus camaradas mexicanos. "E sejam eles vitoriosos ou derrotados, inclino minha cabeça perante aqueles heroicos lutadores, não importa quão ignorantes eles são, que fizeram soar o grito *Terra e Liberdade* e plantaram a bandeira vermelho-sangue no chão ardente do México" (Voltairine de Cleyre, 2019: 150). Anarquista, sempre rejeitou a necessidade de direção e mediação das massas para determinado fim, assim como nunca acreditou que existam tipos específicos de indivíduos voltados para a revolução, como o marxismo e seu desprezo e negação aos povos indígenas, camponeses e ao lumpemproletariado.

Livre e apaixonada, Voltairine continuou viajando e lecionando para diversos grupos radicais e da classe trabalhadora, como a *Scandinavian Liberty Leage*, o *Open Forum*, o *Industrial Workers of the World*, a Cruz Vermelha Anarquista. Logo após sua morte, um grupo de amigos, coordenado por Alexander Berkman, se formou para publicar uma coletânea de suas obras, em que se referiam a ela como um arsenal de conhecimento para a liberdade.

Voltairine foi uma existência revoltada que pelos atos e palavras deu provas de uma anarquia firme e delicada, intransigente e generosa, abnegada e expansiva. Nesta segunda década do século XXI, momento em que até alguns anarquistas se mostram defensores da democracia, suas palavras de fogo nos chegam como brasa de outros tempos com força para acender a chama da anarquia como ação direta e antipolítica.

Saúde e anarquia!

BIBLIOGRAFIA

AVRICH, Paul. *An American Anarchist: The life of Voltairine de Cleyre*. California: AK Press, 2018.

DE CLEYRE, Voltairine. *Escrito(s) a vermelho*. São Paulo: Barricada de livros, 2019.

Ação direta e outros escritos

Anarquismo[1]

Existem dois espíritos espalhados pelo mundo, o espírito da Cautela, o espírito da Ousadia, o espírito da Quietude, o espírito da Agitação; o espírito da Imobilidade, o espírito da Mudança; o espírito do *Segure-firme-aquilo-que-você-tem*, o espírito do *Deixe-ir-e-voe-para-aquilo-que-você-não tem*; o espírito do construtor lento e constante, zeloso no cumprimento dos seus trabalhos, relutante em se desfazer de qualquer uma das suas conquistas, desejoso por manter e incapaz de discriminar entre o que vale a pena ser mantido e o que é melhor se livrar, e o espírito do destruidor inspirador, fértil em fantasias criativas, volátil, descuidadoso na exuberância dos seus esforços e inclinado a rejeitar tanto o bem, quanto o mal.

A sociedade é uma balança que oscila, eternamente golpeada mais e mais uma vez, entre esses dois espíritos. Aqueles que consideram o Homem, caso da maioria dos anarquistas, como um elo na cadeia da evolução, veem nessas duas tendências sociais a soma das tendências dos homens individuais, as quais como as tendências de toda vida orgânica são o resultado da ação e reação entre herança e adaptação. Herança que continuamente tende a repetir o que já aconteceu, mesmo muitíssimo tempo depois do seu surgimento e desenvolvimento; adaptação que continuamente tende a desintegrar formas. Essas mesmas tendências, sob outros nomes, são também observadas no mundo inorgânico, e qualquer um que esteja possuído por essa nossa mania científica e moderna de Monismo pode facilmente seguir essa linha até o ponto de fuga do conhecimento humano.[2]

1. Texto originalmente publicado no jornal anarquista *Free Society* em 1901.
2. No original, *vanishing point of human knowledge*, "ponto de fuga". É o ponto, no desenho em perspectiva, em que as retas aparentam convergir.

De fato, há uma forte inclinação nesse sentido de parte considerável dos mais educados anarquistas, que se tornaram, primeiro, trabalhadores e anarquistas devido ao seu ódio instintivo contra o patrão e, somente depois, estudiosos; e que arrastados pela sua ciência indigesta, conceberam, como que imediatamente, a necessidade de adequar seu anarquismo às revelações do microscópio, pois, de outro modo, essa teoria poderia muito bem ser abandonada. Lembro-me, sem conseguir conter o riso, de uma discussão acalorada, cerca de cinco ou seis anos atrás, em que médicos e embriologistas buscaram uma justificativa para o anarquismo no desenvolvimento da ameba, enquanto um engenheiro inexperiente procurou por tal justificativa em proporções matemáticas.

Eu mesma, certa vez, afirmei com muita firmeza que ninguém poderia ser anarquista e acreditar em Deus ao mesmo tempo. Outros afirmam com a mesma veemência que não se pode aceitar uma filosofia de caráter espiritualista e ser um anarquista.[3]

Atualmente, concordo com C. L. James, o mais culto dos anarquistas americanos, que o sistema metafísico de cada um tem pouquíssimo a ver com o assunto. A linha de raciocínio que, anteriormente, apresentou-se a mim de modo tão definitivo a saber, que o anarquismo, ao constituir-se como negação de qualquer autoridade sobre o indivíduo, não poderia coexistir com a crença num Governante Supremo do universo, é contradita pelo caso de Lev Tolstói, que chega à conclusão de que ninguém tem o direito de dominar o outro justamente por conta da sua crença

---

3. Ao longo da segunda metade do século XIX, o espiritualismo, baseado na crença da comunicação com a alma dos mortos, angariou milhares de seguidores nos Estados Unidos, talvez milhões, como alguns defendem. Na medida do possível, os médiuns espiritualistas buscavam se alinhar com o espírito científico da época, oferecendo provas e demonstrações dos contatos paranormais que diziam estabelecer. No geral, os seus adeptos e simpatizantes adotavam uma postura mais progressista, favorável a diversas pautas do movimento feminista, como o direito ao voto, além de denunciar a escravização dos negros e os maus-tratos dispensados aos indígenas. Diferentemente dos espíritas, não acreditavam na reencarnação.

em Deus; é justamente por acreditar que todos são, igualmente, filhos de um único pai que, para ele, ninguém tem o direito de dominar outra pessoa. Menciono Tolstói porque se trata de uma personagem conhecida e notável, muito embora tenha havido, frequentemente, casos em que essa mesma ideia foi adotada e exercida por seitas inteiras de crentes, especialmente nos estágios iniciais (e perseguidos) de seu desenvolvimento.

Já não me parece mais necessário, portanto, que alguém deva fundamentar o seu anarquismo numa concepção particular de mundo; o anarquismo é uma teoria das relações humanas e se apresenta como solução aos problemas sociais que decorrem da existência das duas tendências que mencionei acima. Não importa de onde venham essas tendências, todos igualmente as reconhecem como existentes; e por mais interessante que seja especular, por mais fascinante que seja se perder ao retroceder mais e mais em direção à tempestade molecular em meio à qual a figura do homem é também vista como um conjunto tão somente mais denso e implacável, como um centro mais vívido da tempestade, a mover-se entre outros e a colidir com outros, não obstante em nenhum lugar separado, em lugar nenhum isento da mesma necessidade que atua sobre todos os outros centros de força; tal especulação não é de forma alguma necessária para que se convença alguém acerca da razoabilidade do anarquismo.

Para que uma pessoa, letrada ou iletrada, reconheça a desejabilidade dos objetivos anarquistas, é suficiente que possua um bom olho observador e um cérebro razoavelmente reflexivo. Isso não quer dizer que um conhecimento mais aprofundado não sirva para confirmar e expandir a aplicação deste conceito fundamental; (a beleza da verdade é que a cada nova descoberta de um determinado fato, descobrimos também o quão mais amplo e profundo ele é do que quando o pensamos inicialmente). Não obstante, significa que, antes de tudo, o anarquismo está preocupado com as condições presentes, com pessoas extremamente simples e comuns; e que não é de forma alguma uma proposição complexa ou difícil.

O anarquismo, para além de qualquer proposta de reforma econômica, é apenas a resposta mais recente, de muitas outras que já foram dadas no passado, àquele espírito ousado, dissidente, volátil e mutável que nunca está satisfeito. A sociedade de que fazemos parte coloca sobre nós uma série opressões que surgiram da combinação entre as mudanças realizadas por este espírito e a rigidez dos velhos hábitos adquiridos e fixados antes que essas mesmas mudanças pudessem ser sequer pensadas. A maquinaria que, como nossos camaradas socialistas não se cansam de enfatizar, revolucionou a indústria, é criação do Espírito da Ousadia; foi esse espírito quem lutou, a cada passo, contra os costumes antigos, contra os privilégios e a covardia, como a história de qualquer invenção pode demonstrar caso seja rastreada desde o início, ao longo de todas as suas transformações. E qual foi o resultado disso? Que um sistema de trabalho, totalmente adequado à produção manual e incapaz de gerar opressões muito extremas, enquanto a indústria permanecesse nesse estágio, foi esticado e tensionado até que se adaptasse à produção em massa, até estarmos prestes a atingir o ponto de ruptura; e, então, mais uma vez o espírito da Ousadia deve se afirmar — reivindicar novas liberdades, uma vez que as antigas se tornaram nulas e sem efeito por conta dos atuais métodos de produção.

Dito de modo mais pormenorizado: nos velhos tempos do Mestre e do Homem — tempos, de todo modo, não tão antigos, já que muitos dos trabalhadores podem ainda se lembrar dessas condições — a oficina era um lugar razoavelmente tranquilo onde empregador e empregado trabalhavam juntos sem que conhecessem sentimentos da classe, em que conviviam amigavelmente para além do horário de trabalho e, via de regra, não eram obrigados a se apressar e, quando o eram, agiam de acordo com o princípio do interesse comum e da amizade (e não de acordo com o poder de um proprietário sobre seus escravos) no que diz respeito às horas extras. O lucro proporcional ao trabalho de cada homem podia até ser, em geral, maior, muito embora o valor total passível de ser captado por um empregador fosse relativamente tão pequeno que nenhuma enorme concentração de riqueza poderia surgir daí. Ser um empregador não dava a nenhum ser humano poder sobre os rendimentos e despesas de outro ser humano, nem sobre o seu discurso durante o trabalho, como tampouco implicava o poder de forçar uma pessoa para além da sua resistência ou de sujeitá-la a multas e tributos por conta de coisas indesejáveis, como água gelada, escarradeiras sujas, xícaras de chá intragável e coisas semelhantes; numa palavra, não dava a ninguém o poder de sujeitar o outro às indecências inomináveis presentes numa grande fábrica. A individualidade do trabalhador era claramente reconhecida: sua vida era sua; ele não poderia ser trancado e conduzido até a morte, como um burro de cargas, em nome do bem público geral e da importância suprema da sociedade.

Com a utilização da energia a vapor e o desenvolvimento do maquinário, vieram os grandes agrupamentos de trabalhadores e a subdivisão do trabalho, que fizeram do empregador um homem à parte, com interesses hostis aos dos seus empregados. Habitante de um círculo completamente outro, não sabe nada sobre eles, exceto que são unidades de potência, a serem computadas como ele faz com suas máquinas; na maior parte das vezes, simplesmente os despreza e, na melhor das hipóteses, considera-os dependentes que, em certos aspectos, ele é obrigado a cuidar, tal como um ser humano cuida de um cavalo velho que já não pode utilizar. Essa é a relação com os seus empregados; ao passo que, para com o público em geral, ele se torna uma espécie de choco gigantesco cujos tentáculos alcançam todo lugar — e muito embora cada uma das suas pequenas bocas sugadoras de lucro não produzam grande efeito,[4] em conjunto formam tamanho montante de riqueza que torna qualquer declaração de igualdade ou de liberdade entre ele e o trabalhador motivo de riso.

---

4. Morfologicamente semelhante à lula, embora pertencente a outra ordem, o choco tem dez tentáculos concentrados ao redor da região da boca, sendo alguns utilizados para caçar.

Chegou a hora, portanto, de o espírito da Ousadia convocar, em alto e bom som, em cada fábrica e oficina, uma nova mudança nas relações entre o mestre e o homem. Deve haver algum arranjo possível que seja capaz de preservar os benefícios da nova forma de produção e, ao mesmo tempo, restaurar a dignidade individual do trabalhador — devolver a ousada independência do velho mestre em seu ofício, em conjunto com as liberdades adicionais, que podem apropriadamente sor obtidas por ele, como uma vantagem especial sua, dado desenvolvimento material da sociedade.

Esta é a mensagem própria do anarquismo ao trabalhador. Não é um sistema econômico; não se apresenta com planos detalhados sobre como vocês, os trabalhadores, deverão conduzir a indústria; nem com métodos sistematizados de troca; como tampouco com meticulosos planejamentos de papel para a "administração das coisas".[5] Simplesmente convoca o espírito da individualidade a revoltar-se contra sua degradação e a manter-se supremo em qualquer forma de reorganização econômica que venha a surgir. Sejam seres humanos antes de tudo, não cativos das coisas que fazem; que nosso evangelho seja "coisas para homens, não homens para coisas".

O socialismo, considerado economicamente, é uma proposição positiva para uma tal reorganização. Em geral, trata-se de uma tentativa de agarrar os novos e gigantescos ganhos materiais que são a criação especial dos últimos quarenta ou cinquenta anos. Não tem tanto em vista a reivindicação e, conseguinte, afirmação da personalidade do trabalhador, quanto uma distribuição justa dos produtos.

É evidente que a Anarquia diz respeito quase que inteiramente às relações dos homens com os seus pensamentos e sentimentos, e não à organização positiva da produção e distribuição; um anarquista precisa complementar o seu anarquismo com algu-

---

5. Referência a Engels que, em *Do socialismo utópico ao socialismo científico*, defende a tese de que, com a autossupressão do Estado, o "governo das pessoas" seria substituído pela "administração das coisas".

mas proposições econômicas, que possam capacitá-lo a colocar numa forma prática, para si mesmo e para os outros, essa possibilidade de uma humanidade independente. Este será o seu critério para a escolha de qualquer proposição econômica: a medida em que a individualidade está assegurada. Não é suficiente para ele que o conforto e uma rotina agradável e bem ordenada sejam asseguradas; a liberdade de movimento para o espírito da mudança — esta é a sua primeira exigência.

Todo anarquista compartilha com os outros anarquistas a visão de que o sistema econômico deve ser subserviente a esse fim; nenhum sistema se lhe apresenta como aceitável pela mera beleza ou facilidade de seu funcionamento; ciumento da intromissão das máquinas, suspeita com selvageria da aritmética que toma homens por unidades; de qualquer sociedade que funcione de modo compartimentado, sequencial e fixo, com aquela precisão tão bela para quem o amor à ordem está sempre em primeiro lugar, mas que para o anarquista só o faz farejar — "Argh! isso cheira a óleo de máquina".

Consequentemente, há entre os anarquistas muitas escolas do pensamento econômico; há os *anarquistas individualistas*, os *anarquistas mutualistas*, os *anarquistas comunistas* e os *anarquistas socialistas*. No passado essas várias escolas acusaram-se, uma à outra, impiedosamente, recusaram-se a reconhecer qualquer outra como verdadeiramente anarquista. Os mais limitados ainda insistem nesse tipo de atitude; verdade, que eles não consideram que isso seja uma limitação intelectual, mas simplesmente uma compreensão firme e sólida da verdade, que não permite a tolerância ao erro. Esta tem sido a atitude do intolerante em todas as eras, e o anarquismo, como qualquer outra nova doutrina, não escapou de seus intolerantes. Cada um desses fanáticos, seja adepto do coletivismo ou do individualismo, acredita que o anarquismo é impossível sem a garantia daquele sistema econômico específico — o que, é claro, está completamente justificado do seu o ponto de vista. Com a ampliação do que o camarada Brown chamou de "novo espírito",[6] essa velha limitação está dando lugar à ideia mais ampla, mais gentil e muito mais razoável de que todas essas concepções econômicas podem ser experimentadas, e não há nada não anarquista em qualquer uma delas, desde que o elemento compulsório não entre em cena para obrigar as pessoas a permanecerem numa comunidade com cujos arranjos econômicos não concordam. (Quando digo "não concordam", não estou me referindo a um simples desagrado pelo arranjo implementado ou ao caso em que se julgue ser preferível alterá-lo por algum outro, mas com o qual, ainda assim, pode-se facilmente conviver, assim como duas pessoas que moram numa mesma casa e que, por possuírem diferentes gostos em decoração, irão sugerir uma cor para a janela ou certas quinquilharias decorativas que, embora uma delas não goste muito, aceita alegremente por conta da satisfação de compartilhar o espaço com o amigo. Refiro-me, sim, a diferenças críticas que, na opinião dos envolvidos, ameacem suas liberdades essenciais. E se faço aqui essas observações acerca de ninharias, é porque as objeções que são levantadas contra a doutrina de que os homens podem viver livremente em sociedade, quase sempre degenera em trivialidades — como, por exemplo, "o que você faria se duas senhoras quisessem o mesmo chapéu?" etc. Não defendemos a abolição do bom senso, e todas as pessoas de bom senso estão, ocasionalmente, dispostas a renunciar às suas preferências, desde que não sejam compelidas a isso a qualquer custo).

Digo, portanto, que todo e qualquer grupo de pessoas que atue socialmente em liberdade pode escolher qualquer um dos sistemas propostos, e ser tão anarquista quanto os grupos que escolherem um outro. Se este ponto de vista for aceito, estaremos livres das excomunhões ultrajantes que, no seu sentido mais próprio, pertencem à Igreja de Roma, e não servem a nenhum

---

6. Provavelmente, de Cleyre está se referindo aqui ao sapateiro George Brown (1858–1915), imigrante oriundo da Inglaterra, à época um dos mais destacados oradores do movimento anarquista, que então se iniciava na Filadélfia.

propósito, exceto o de nos tornar merecidamente desprezíveis ante aqueles que não fazem parte do movimento.

Além disso, ao se aceitar esse ponto de vista a partir de um raciocínio puramente teórico, estar-se-á, creio eu, no estado de espírito necessário para que se percebam os fatores materiais que explicam o porquê dessas diferenças nos sistemas propostos, e que inclusive demandam essas diferenças, dado o estado atual da produção.

Devo, agora, deter-me brevemente sobre essas várias proposições e explicar, à medida em que prossigo, quais são os fatores materiais aos quais me referi há pouco. Começando pela última delas, nomeadamente, o socialismo anarquista — seu programa econômico é, na totalidade, precisamente o mesmo que o do socialismo político; quer dizer, isso antes de o trabalho da prática política reduzir o socialismo a uma mera lista de melhorias governamentais. Esses socialistas anarquistas defendem que o Estado, o governo centralizado, foi e sempre será o agente comercial da classe dos proprietários; que é apenas expressão de certa condição material e que com a superação dessa condição também o Estado deverá ser superado; que o socialismo, por significar o controle completo de todas as formas de propriedade até então nas mãos dos homens como posse indivisível do Homem, traz consigo, como resultado lógico e inevitável, a dissolução do Estado. Eles acreditam que quando cada indivíduo tiver direitos iguais sobre a produção social, que quando os estímulos para usurpar e manter propriedades tiverem desaparecido, os crimes (que são, praticamente em todos os casos, a resposta instintiva a alguma negação precedente à reivindicação da própria parte) irão igualmente desaparecer, e com eles a última desculpa para a existência do Estado. Via de regra, eles não anseiam por qualquer transformação no elemento material da sociedade, como anseiam alguns de nós. Um londrino, certa vez, disse-me que acreditava que Londres continuaria a crescer, que o fluxo e refluxo das nações permaneceria desaguando nas suas ruas sinuosas, que as suas centenas de milhares de ônibus continuariam a circular da mesma forma, e que todo aquele tráfego tremendo que tanto fascina quanto horroriza continuaria a rolar como se fosse uma grande inundação para cima e para baixo, para baixo e para cima, semelhante ao movimento das marés — e isso após a realização do anarquismo, tal como acontece agora. O nome desse londrino era John Turner; e ele disse, na mesma ocasião, que acreditava absolutamente na economia socialista.[7]

Agora, essa vertente do partido anarquista rompeu com o velho partido socialista — vertente que originalmente representava a ala revolucionária desse partido e fazia oposição àqueles que adotavam a estratégia de fazer uso do jogo político. E eu acredito que a razão material que justifica a aceitação de um tal esquema econômico (o que, obviamente, se aplica a todos os socialistas europeus) é que o desenvolvimento social da Europa é coisa de longuíssima data; que praticamente desde os tempos imemoriais lá a luta de classes já é reconhecida; que nenhum trabalhador vivo, como tampouco seu pai, seu avô ou bisavô testemunhou a terra na Europa passar, em grande extensão, de um patrimônio público não reivindicado às mãos de um indivíduo comum como ele, desprovido de títulos ou de qualquer marca distintiva, como nós, na América, pudemos testemunhar. A terra e o proprietário de terras sempre foram para ele grandezas inacessíveis uma fonte reconhecida de opressão, da diferença de classe, da classe proprietária.

---

7. O anarcocomunista John Tuner ficou conhecido como o primeiro anarquista a ser deportado dos Estados Unidos pela violação da Lei de Imigração de 1903 [*Immigration Act of 1903*], popularmente chamada de lei de exclusão dos anarquistas, por legalizar a detenção e a deportação de estrangeiros em solo estadunidense unicamente pelo *crime* de serem adeptos e professarem ideias anarquistas. A lei foi uma das formas de reação não só ao incidente de Haymarket em 1886, como sobretudo ao assassinato do presidente dos Estados Unidos, William McKinley, pelas mãos de um filho de imigrantes poloneses autodesignado anarquista, no mesmo ano desse escrito, 1901. A detenção e a prisão de John Tuner em outubro de 1903, pelo crime de ser anarquista, deu origem a um amplo debate e à defesa da liberdade de expressão, com Emma Goldman como uma das protagonistas do movimento e Clarence Darrow como seu advogado de defesa.

O desenvolvimento industrial nas vilas e cidades, que surgiu como uma forma de escapar da opressão feudal, trouxe consigo mecanismos próprios de opressão, além de uma longa história de guerra por trás, e com isso terminou por vincular o sentimento de fidelidade de classe às pessoas comuns das cidades manufatureiras; assim, apesar de cegas, estúpidas e dominadas pela igreja como sem dúvida são, há nelas algo como um sentimento vago, embotado, mas ainda por certo existente, de que devem buscar apoio através de associações e tratar com suspeita ou indiferença qualquer proposta de ajuda da parte dos seus empregadores. E mais: o socialismo tem sido um sonho recorrente que perpassa a longa história da revolta na Europa; os anarquistas, como outros, nasceram dele. Somente depois que atravessaram mares e entraram em contato com outras condições, respiraram a atmosfera de outros pensamentos, é que puderam vislumbrar outras possibilidades.

Se, neste ponto, me aventurasse a criticar essa posição do anarquista socialista, diria que a grande falha nessa concepção de Estado é supor que ele seja de origem simples; o Estado não é apenas a ferramenta das classes dirigentes; tem as suas raízes profundas no desenvolvimento religioso da natureza humana; e não vai desmoronar simplesmente através da abolição das classes e da propriedade. Há um outro trabalho a ser feito. Quanto ao seu programa econômico, tecerei essa crítica conjuntamente às demais proposições, quando as resumir.

O anarquismo comunista é uma modificação, ao invés de uma evolução, do socialismo anarquista. A maioria dos anarquistas comunistas, acredito eu, anseiam por grandes mudanças na distribuição de pessoas sobre a superfície da Terra através da realização do anarquismo. A maioria deles concorda que a distribuição de terra associada ao uso gratuito de ferramentas levaria a uma dispersão dessas vastas comunidades chamadas cidades e à formação de grupos menores ou comunas que se manteriam unidas, unicamente, pelo livre reconhecimento de interesses em comum.

Enquanto o socialismo anseia por uma ampliação do triunfo do comércio moderno — que é o responsável por trazer produtos do mundo todo até sua porta — o comunismo libertário vê nessa febre de exportação e importação um desenvolvimento doentio, e espera, ao invés disso, um desenvolvimento mais independente dos recursos domésticos, o que daria fim ao aparato gigantesco imprescindível ao funcionamento desse sistema de trocas internacionais. Apela ao senso comum dos trabalhadores, propondo a eles — que agora se consideram indefesos e dependentes da capacidade dos patrões de ofertar-lhes um emprego — que se organizem em grupos produtores independentes, peguem os equipamentos, façam o trabalho (que já fazem agora), armazenem os produtos em depósitos, apanhem o que quiserem para si e permitam que os outros também o peguem. Para que se faça isso não é necessário governo, empregador ou qualquer sistema monetário. A única coisa necessária é que haja decência e respeito pela própria individualidade e pela individualidade do colega de trabalho. Não é plausível ainda que possa ser desejado com devoção, que alguma grande aglomeração humana, como as que agora se reúnem diariamente nas usinas e fábricas, possa vir a se unir através de um desejo em comum. (Uma fábrica é uma espécie de criadouro para tudo o que é vicioso na natureza humana, e, em grande parte, unicamente por conta da aglomeração).

A concepção de que os homens não podem trabalhar em conjunto caso não tenham um mestre para guiá-los e retirar uma porcentagem do seu produto vai de encontro tanto ao bom senso, quanto ao fato observado. Via de regra, os patrões simplesmente tornam a confusão ainda mais confusa quando se metem nos problemas dos trabalhadores, situação que todo mecânico já enfrentou alguma vez; e quanto ao empenho em prol do social, os homens trabalhavam em comum ainda quando eram macacos; caso não acredite, basta observar os macacos. Eles tampouco abrem mão de sua liberdade individual.

Em suma, os verdadeiros trabalhadores farão seus próprios regulamentos, decidirão quando, onde e como as coisas devem ser feitas. Não é necessário que o projetista de alguma sociedade anarquista comunista estabeleça a maneira pela qual as indústrias deverão ser conduzidas, ou sequer que presuma como o serão. Ele simplesmente deve ser capaz de invocar o espírito do Ousar e Fazer nos trabalhadores mais simples ao dizer-lhes:

> São vocês que sabem como minerar, cavar, cortar; vocês saberão como organizar o trabalho sem um ditador; nós não podemos dizer, mas temos plena fé de que encontrarão o caminho por si mesmos. Vocês nunca serão homens livres até que adquiram essa fé em si.

Quanto ao problema da exatidão na troca de equivalentes que tanto preocupa os reformistas de outras escolas, isso para ele é algo que não existe. Há o suficiente, que importa então? As fontes de riqueza permanecerão indivisíveis para sempre; quem se importará se alguém tiver um pouco mais ou um pouco menos, desde que todos tenham o suficiente? Quem se importará se algo for desperdiçado? Deixe desperdiçar. A maçã podre fertiliza o solo tão bem quanto se tivesse confortado a economia animal antes. E é inegável que vocês que tanto se preocupam com o sistema e a ordem e a adequação entre produção e consumo, desperdiçam mais energia humana para fazer as contas do que o precioso cálculo efetivamente vale. Por isso que o dinheiro com toda a sua comitiva de complicações e trapaças será abolido.

Comunas pequenas, independentes, dotadas de recursos próprios e que cooperam livremente entre si: este é o ideal econômico aceito pela maioria dos anarquistas do Velho Mundo atualmente.

Quanto ao fator material a partir do qual esse ideal se desenvolveu entre os europeus, há a memória e também os vestígios remanescentes das comunas medievais — verdadeiros oásis no grande Saara da degradação humana presentes na história da Idade Média, quando a igreja católica se impunha triunfante sobre o Homem em meio ao pó. É esse ideal romantizado pelo brilho morto de um sol que já se pôs que resplandece nas páginas de Morris e Kropotkin. Nós, na América, nunca conhecemos as aldeias comunais. A *civilização branca* nos atingiu como um maremoto que varreu o país; entre nós nunca se viu uma pequena comuna desenvolvendo-se, de modo independente, do estado de barbárie às indústrias primárias, subsistindo por si mesma. Não houve mudança gradual do modo de vida dos povos nativos para o nosso; houve extermínio e um transplante completo da então mais recente forma de civilização europeia. A ideia de uma pequena comuna surge, portanto, de modo instintivo nos anarquistas da Europa particularmente entre os continentais; entre eles trata-se apenas do desenvolvimento consciente de um instinto submerso. No que diz respeito aos americanos, não passa de uma importação.

Eu acredito que a maioria dos anarquistas comunistas não incorre no erro dos socialistas de considerar o Estado exclusivamente como resultado de condições materiais, apesar da ênfase excessiva que dão ao Estado como instrumento da propriedade privada, e à contenda de que, de uma forma ou de outra, ele existirá enquanto existir a propriedade privada.

Passo agora aos individualistas extremos — aqueles que endossam a tradição da economia política, e se apegam à ideia de que o sistema empregador-empregado, de compra e venda, bancário e todas as outras instituições essenciais ao comercialismo, centradas na propriedade privada, são boas em si mesmas, e tornam-se viciosas unicamente pela interferência do Estado. Suas principais propostas econômicas são: terra administrada por indivíduos ou empresas unicamente durante o tempo e circunscrita à extensão em que a utilizarem; redistribuição de terra tantas vezes os membros da comunidade assim acordarem; poder de decisão de cada comunidade sobre os termos do uso do solo, provavelmente em assembleias locais; casos de disputa resolvidos pelo chamado júri livre formado por sorteio entre todos os membros do grupo; os membros que não estiverem de acordo com as decisões do grupo podem se alocar nos arredores, em terras não ocupadas, sem permissão ou impedimento da parte ninguém.

O dinheiro continuaria a representar todas as mercadorias básicas, e poderia ser emitido por quem assim o desejasse; naturalmente, isso se daria entre indivíduos que mediante o depósito dos seus títulos, aceitariam notas bancárias em troca; essas notas bancárias seriam a representação do trabalho despendido na produção e seriam emitidas em quantidade suficiente, (não haveria limites para alguém que quisesse começar um negócio, sempre que os juros começassem a subir, mais bancos seriam organizados, e assim, a taxa percentual seria constantemente controlada pela concorrência), a troca ocorreria livremente, mercadorias circulariam, negócios de todos os tipos seriam estimulados e com a autoridade do governo longe das invenções, indústrias floresceriam em cada esquina, patrões se tornariam caçadores ao invés de patrões, os salários subiriam até a máxima medida da produção individual, e para sempre permaneceriam lá. A propriedade, a propriedade real, finalmente, existiria, já que não existe hoje, porque nenhum homem ganha realmente por aquilo que faz.

O charme desse programa é que ele não propõe mudanças radicais em nossa rotina; não nos desnorteia minimamente como o fazem as proposições mais revolucionárias. Seus remédios atuam sobre si mesmos; eles não dependem de esforços conscientes da parte dos indivíduos para estabelecer a justiça e construir a harmonia; a livre concorrência é a grande válvula automática que abrirá ou fechará conforme as demandas aumentem ou diminuam, bastando para isso não interferir em nada e não tentar de modo algum oferecer qualquer assistência.

É certo que nove entre cada dez americanos que antes nunca tinham ouvido falar em qualquer um desses programas, ouvirão os individualistas extremos com muito mais interesse e aprovação do que os outros. A razão material que explica essa atitude mental é absolutamente evidente. Este país, fora a questão dos negros, nunca testemunhou a histórica divisão de classes; estamos fazendo essa história apenas agora; nunca sentimos a necessidade do espírito de associação de um trabalhador com outro trabalhador, porque em nossa sociedade é o indivíduo quem faz todas as coisas; o trabalhador de hoje seria o empregador de amanhã; grandes oportunidades abriam-se para ele no território ainda não desenvolvido, ele trazia consigo as suas ferramentas e lutava sem ajuda de ninguém, unicamente por si. Mesmo hoje em que essa luta está se intensificando de modo cada vez mais acirrado e em que o trabalhador se vê cada vez mais encurralado, a linha de divisão entre as classes ainda é constantemente rompida, e daí o primeiro grande lema do americano ser "o Senhor ajuda quem ajuda a si mesmo". Consequentemente, um programa econômico cuja ideia central é "não se intrometa" exerce forte apelo sobre as inclinações moldadas pela tradição e sobre os hábitos de um povo que testemunhou patrimônios quase ilimitados serem arrebatados, tal como um jogador que vence suas apostas, por homens com quem brincaram na escola ou com quem trabalharam juntos numa oficina qualquer um ou dez anos antes.

Esse ramo, em particular, do partido anarquista não aceita a posição comunista de que o governo se origina da propriedade; ao contrário, eles responsabilizam o governo pela negação da verdadeira propriedade (a saber: a posse exclusiva do produtor sobre aquilo que ele produziu). Eles colocam a ênfase na origem metafísica: o Medo criador de autoridades, inerente à natureza humana. Seus ataques são, centralmente, direcionados contra a ideia de Autoridade; como se os males materiais decorressem de um erro espiritual (se é que posso me valer dessa palavra sem correr risco de má interpretação), o que é precisamente o oposto da perspectiva socialista.

A verdade não reside "*entre* os dois", mas numa síntese das duas opiniões.

O anarquismo mutualista é uma modificação no programa do Individualismo, em que é dada uma maior ênfase à organização, cooperação e formação de uma federação livre entre os trabalhadores. Para eles, o sindicato é o núcleo das cooperativas livres, que evitarão a necessidade do empregador, ao gerenciar o registro de horas trabalhadas dos seus membros, ao tomar a seu cargo o produto final, ao promover trocas com diferentes grupos comerciais para vantagem mútua por meio de uma federação central e ao possibilitar a seus membros o acesso ao crédito, da mesma forma que assegurá-los contra perdas. No que diz respeito à questão da terra, a posição mutualista é idêntica à dos individualistas, assim como o é a sua compreensão do Estado.

O fator material responsável por diferenciar os individualistas dos mutualistas, reside, a meu ver, no fato de que o primeiro se originou no cérebro daqueles que, quer trabalhadores ou homens de negócios, garantiram a própria subsistência através de atividades independentes. Josiah Warren, apesar de ser um homem pobre, viveu de forma individualista e executou o seu experimento social de vida livre em pequenos assentamentos rurais, distantes dos grandes centros industriais.[8] O mesmo caso de Tucker que, embora fosse um homem citadino, nunca teve qualquer aproximação pessoal com o ambiente das indústrias. Eles nunca conheceram diretamente a opressão de uma grande fábrica, nem se envolveram com associações de trabalhadores. Os mutualistas estavam, consequentemente, inclinados a um comunismo maior. Dyer D. Lum dedicou a maior parte da sua vida à organização de sindicatos de trabalhadores, ele mesmo era um trabalhador manual encadernador de livros.

Apresentei aqui um esboço rápido dos quatro esquemas econômicos cogitados por anarquistas. Vale lembrar que o ponto de acordo entre os quatro é a não compulsoriedade. Aqueles que

---

8. Em 1851, Josiah Warren e Stephen Pearl Andrews fundaram, no estado de Nova York, na cidade de Islip, atualmente Brentwood, a comunidade Tempos Modernos, baseada em suas concepções anarco-individualistas. Foram bastante influenciados pela sua vivência na colônia socialista fundada por Robert Owen, além de duas outras tentativas suas anteriores de fundar comunidades utópicas. Ainda que tenha passado, no tempo que durou, por uma série de transformações, a comunidade Tempos Modernos manteve-se por treze anos. Ao que parece, foi alvo de grande interesse e reprovação da opinião pública, devido à aceitação do amor livre e da livre expressão das excentricidades de seus membros, quando inofensivas aos demais. Aceitação em acordo com o cerne da filosofia de Warren: a defesa da soberania natural do indivíduo sobre sua pessoa, tempo, propriedade e responsabilidades.

têm preferência por um desses métodos não têm intenção de impô-lo à força sobre os que tenham preferência por algum dos outros, desde que a mesma tolerância seja exercitada em relação a eles.

É também válido lembrar que nenhum desses esquemas é proposto como um fim em si mesmo, mas, sim, porque através deles, conforme acreditam os seus projetistas, a liberdade estará assegurada. Todo anarquista, na medida em que é anarquista, está perfeitamente disposto a renunciar, abertamente, ao seu próprio projeto, caso veja que outro funciona melhor.

Acredito que tudo isso e muito mais poderia ser vantajosamente testado em diferentes localidades; compreendo que os instintos e hábitos das pessoas se expressam livremente em cada comunidade; e tenho certeza de que ambientes distintos exigem diferentes formas de adaptação.

Pessoalmente, embora reconheça que a liberdade seria ampliada consideravelmente sob qualquer uma dessas economias, confesso, francamente, que nenhuma delas me satisfaz.

Tanto o socialismo quanto o comunismo exigem um grau de esforço conjunto e de administração que dão origem a um montante de regulamentação que não é de todo consistente com o ideal do anarquismo; já o individualismo e o mutualismo, ao fundamentarem-se sobre a propriedade, requerem o desenvolvimento de alguma espécie de polícia privada, o que não é nada compatível com as minhas concepções de liberdade.

Meu ideal é a condição na qual todos os recursos naturais estejam para sempre disponíveis a todos, e o trabalhador seja capaz de individualmente produzir o suficiente para satisfazer todas as suas necessidades vitais, se assim o escolher, porque, com isso, já não precisará regular o trabalho ou ócio pelo tempo e estações dos seus companheiros. Penso que essa hora poderá chegar; mas, se isso ocorrer, será exclusivamente por meio do desenvolvimento dos modos de produção e das inclinações das pessoas. Enquanto isso, todos nós clamamos em uníssono pela liberdade de *experimentar*.

São esses os objetivos do anarquismo na sua totalidade? Eles são apenas o começo. Um esboço do que é demandado àqueles que efetivamente produzem os produtos. Se na condição de trabalhador, você tem por objetivo exclusivo se libertar da escravidão terrível do capitalismo, então essa é a medida do anarquismo para você. É você quem coloca os limites, se é que limites devam ser colocados. Imensuravelmente mais profundo, incomensuravelmente mais alto, envolve e eleva a alma que saiu da sua caixa de costume e covardia, e ousou reivindicar o seu Eu.

Ah, que uma única vez se fique obstinadamente parado à beira do golfo escuro das paixões e desejos, que uma única vez se lance um olhar ousado e firme diretamente às profundidades do Eu vulcânico, *uma única vez*, e nessa vez, uma única vez *para todo o sempre*, que se abandone o comando de ocultar e fugir do conhecimento desse abismo — não, isso nunca mais, que escolhamos desafiá-lo a sibilar e a ferver se quiser, e nos fazer contorcer e estremecer com sua força! E assim, de uma única vez e para todo o sempre, finalmente perceber que uma pessoa não é um punhado de pequenas razões bem regulamentadas, atadas à antessala do cérebro, prontas para serem proferidas na forma de sermão e catalogadas como se fossem máximas copiadas num caderno ou que devem ser modificadas e interditadas a partir de algum silogismo; mas, sim, finalmente perceber que uma pessoa é uma profundidade insondável, sem fundo, com todo tipo de sensação estranha, um mar agitado de sentimentos, sempre acometido por tempestades fortes e inexplicáveis de ódio e raiva, por espasmos invisíveis de desapontamento, por marés vazantes de maldade, por tremores e estremecimentos de amor que conduzem à loucura e não podem ser controlados, por fomes, e propósitos, e soluços que golpeiam o ouvido interno, agora pela primeira vez inclinado a escutar, como se toda tristeza do mar e toda lamúria das grandes florestas de pinheiros do Norte tivessem se encontrado para, juntas, chorar no silêncio que é audível apenas a si mesmo. Que se olhe para dentro disso, que se conheça a escuridão, a meia-noite, as eras mortas dentro de si, que se sinta a selva e a besta no próprio interior — e o pântano e o lodo, e o deserto desolador do coração desesperado — que se veja, saiba, sinta ao máximo — e, somente depois, que se volte o olhar para o semelhante, sentado no outro lado do bonde, tão decoroso, tão bem vestido, tão habilmente penteado, e escovado, e untado, e se pergunte o que há por detrás dessa exterioridade ordinária — que se imagine a caverna que há nele, a qual, em algum lugar bem profundo, possui uma galeria estreita que se liga inesperadamente à sua — que se imagine a dor que o tortura até a ponta dos dedos, talvez até enquanto veste aquela fisionomia plácida de camisa bem-passada e engomada — que se conceba como ele também se choca consigo mesmo, e se contorce, e foge da lava do seu coração e das dores da sua prisão, sem que ouse enxergar a si mesmo — que se recue respeitosamente ante o umbral interior que conduz à criatura mais simples, menos promissora, e até mesmo ao criminoso mais degradado, justamente porque se reconhece em si mesmo tanto a nulidade, quanto o criminoso — que se evite toda condenação (quiçá julgamento e sentença), porque se sabe de que matéria o homem é feito e que não há com o que se surpreender, uma vez que tudo se encontra na própria interioridade — é isto o que o anarquismo pode vir a significar para você. É isto o que ele significa para mim.

E depois voltar-se às nuvens, às estrelas, ao céu e deixar os sonhos precipitarem-se sobre si — já não mais intimidado por poderes externos de qualquer ordem — sem admitir nada como superior a si mesmo — , e pintar, pintar e pintar quadros infinitos, criar sinfonias inéditas que cantam sons oníricos unicamente para você, estender a compaixão até os animais como irmãos em igualdade, beijar as flores como se fazia quando criança, deixar-se ir livremente, entregar-se sem amarras para além dos limites que o *medo* e o *costume* chamam de "possíveis" — também isso o anarquismo pode vir a significar para você, caso assim se atreva a aplicá-lo. E se você fizer isso algum dia — se, sentado em sua mesa de trabalho, tiver uma visão de glória insuperável, de alguma imagem da época dourada quando não haverá prisões sobre terra, nem fome, nem falta de moradia, nem acusação, nem julgamento, em que os corações serão livros abertos, tão francos quanto destemidos, se, então, após isso, você enxergar o seu vizinho mal-educado, que sua, fede e amaldiçoa a sua lida diária — lembre-se de que, da mesma maneira que você não conhece a profundidade dele, tampouco sabe qual é sua altura. Ele também pode estar sonhando se rompa nele o jugo dos costumes, da lei e dos dogmas. Mesmo agora você não sabe que crisálida cega, atada e inerte está ali trabalhando de modo a preparar a sua forma alada.

Anarquismo significa liberdade para a alma e para o corpo — em cada aspiração, em todo crescimento.

Agora, algumas palavras sobre a questão dos métodos. No passado, os anarquistas excluíam uns aos outros também por esse motivo; revolucionários chamavam, com desprezo, de *quakers*, os homens pacíficos; "comunistas selvagens" anatematizavam os *quakers* em retorno.

Isso também é passageiro. O que eu digo é o seguinte: todos os métodos dizem respeito à capacidade individual e à decisão.

Há Tolstói — cristão, resistente não violento, artista. Seu método é pintar quadros da sociedade tal como é, para mostrar a brutalidade da força e a sua inutilidade; para pregar o fim do governo através do repúdio por toda e qualquer força militar. Excelente método! Eu o aceito em sua totalidade. Convém-lhe ao caráter e à habilidade. Alegremo-nos por ele assim trabalhar.

Há John Most — velho, carcomido pelo trabalho, com o peso dos anos de prisão sobre si e ainda assim tão mais feroz, tão mais ácido na sua denúncia contra as classes governantes do que poderia ser exigido da energia de uma dúzia de homens jovens — descendo as últimas colinas da vida e despertando, enquanto se vai, a consciência dos seus companheiros para os males sociais.

Muito bom! Essa consciência tem de ser desperta. Que a língua ardente continue a falar.[9]

9. Note-se aqui a estratégia da anarquista *sem adjetivos* — em vez de pacifista —, Voltairine de Cleyre. De Tolstói, que ela define como cristão e *resistente não violento*, passa diretamente a Johann Most, imigrante alemão, conhecido nos Estados Unidos da época como uma espécie de encarnação de Satã, pois defendia abertamente a ação direta violenta e o direito do povo de fabricar explosivos. Uma defesa que exerceu grande influência sobre os anarquistas de Chicago e, por tabela, na tragédia de Haymarket, quando a bomba, atribuída aos anarquistas, foi lançada contra os policiais. Tanto Albert Parsons como August Spies publicaram, nos jornais que editavam, discursos de Most em favor do uso de dinamite, além de algumas de suas instruções técnicas para a fabricação de bombas. Em 1885, um ano antes da tragédia de Haymarket, Most publicou em Nova York uma compilação de seus escritos e discursos, *Ciência da guerra revolucionária: manual de instruções para o uso e produção de nitroglicerina, dinamite, algodão-pólvora, fulminato de mercúrio, bombas, explosivos, venenos etc.* [Revolutionäre Kriegswissenschaft; ein Handbüchlein zur Anleitung betreffend Gebrauches und Herstellung von Nitro-Glyzerin, Dynamit, Schiessbaumwolle, Knallquecksilber, Bomben, Brandsätzen, Giften, u. s. w.]. A obra obteve grande destaque não só entre os anarquistas de Chicago, mas posteriormente durante o julgamento do incidente em Haymarket. Johann Most era então uma das figuras mais proeminentes do movimento da esquerda revolucionária dos EUA. Também atribui-se a ele a responsabilidade de popularizar, nesse país, a expressão *propaganda pelo feito*, importada da ala mais radical do populismo russo, como o grupo Narodnaya Volya, que assassinou o czar Alexandre II em 1881 — evento que Most (conforme o levantamento de Avrich em *The Haymarket tragedy*) não só homenageou em artigo como incitou os demais radicais a emulá-lo. Não é exagero dizer que ele só escapou de ser enforcado pelo incidente em Haymarket, porque já estava preso cumprindo pena pelo crime de "discurso inflamatório". À guisa de curiosidade, vale ainda mencionar que ninguém menos do que Emma Goldman foi, nos seus primeiros anos, protegida de Most, não obstante tenha rompido drasticamente com ele, quando, em 1892, Alexander Berkman, seu então companheiro político e amante, tentou assassinar o industrial Henry Clay Frick, da McCormick Harvesting Machine Company, em retaliação ao assassinato de grevistas a seu mando — quando seis anos antes o assassinato de grevistas da mesma companhia foi o estopim da tragédia em Haymarket. Most posicionou-se duramente contra o atentado mal-sucedido de Berkman, chegando inclusive a insinuar que a motivação do crime teria na verdade sido a de despertar a simpatia da opinião pública em relação a Frick e não uma retaliação ao então recente assassinato de grevistas. A indignação de Goldman para com Most chegou a tal

Há Benjamin Tucker — frio, reservado, crítico, a atirar farpas precisas tanto nos inimigos, quantos nos amigos, com imparcialidade gélida, que atingem rápido e cortam com profundidade, sempre pronto para capturar um traidor. Adota a resistência passiva como a mais eficaz, embora esteja sempre pronto para mudar a tática desde que considere como mais sensato. Isso combina com ele; no seu campo está sozinho, é de valor inestimável.

E há Peter Kropotkin, que exerce forte apelo sobre os jovens, enquanto prescruta com seus olhos doces, calorosos e impacientes cada um dos efeitos da colonização, e aclama com o entusiasmo de uma criança os levantes dos trabalhadores e acredita na revolução com toda a sua alma. A ele, também agradecemos.

E há George Brown, que prega a expropriação pacífica através de sindicatos federados de trabalhadores; e isso é ótimo. É o melhor lugar para ele; ali, ele está em casa; pode realizar muito mais no campo que ele mesmo escolheu.[10]

E lá, no seu caixão, na Itália, jaz o homem cujo método foi o de matar um rei e chocar as nações com a súbita consciência do vazio de sua lei e ordem. Ele também, ele e seu ato, eu aceito, sem reservas, e me curvo em reconhecimento silencioso à força deste homem.[11]

---

paroxismo que, segundo relata na sua biografia *Living my life*, numa de suas palestras, após desafiá-lo a explicar as acusações contra Berkman, chicoteou-o publicamente algumas vezes no rosto e pescoço. Seja como for, no tempo do presente escrito, Most, um senhor de idade avançada, já havia renegado o *culto à dinamite*, conforme expressão de Avrich, que o fez famoso.
10. Ver n. 6, p. 28.
11. Menção ao anarquista italiano Gaetano Bresci (1869–1901), que no dia 29 de julho de 1900 assassinou a queima-roupa o então rei da Itália Humberto I. Bresci, condenado à prisão perpétua, foi encontrado morto no cárcere menos de um ano depois, em maio de 1901 e, portanto, poucos meses antes da publicação do presente escrito. Antes do seu retorno à Itália com o fito de assassinar o rei, Bresci havia imigrado alguns anos antes para os Estados Unidos, onde exerceu o ofício de alfaiate. Segundo relatos, até mesmo lá, nos Estados Unidos, deu prova suficiente da sua obstinada coragem: um ano antes, num encontro de anarquistas, em Paterson, para a audição de Errico Malatesta então o mais destacado anarquista italiano, Bresci imobilizou o jovem que da plateia havia

Pois há alguns cuja natureza é pensar e implorar, e ceder, mas que, ainda assim, sempre retornam ao objetivo, e, com isso, contribuem para o progresso das ideias de seus semelhantes; e há outros que são austeros e silenciosos, resolutos, implacáveis como o Deus do sonho de Judá — e esses homens atacam — atacam uma única vez e acabou. Mas o estrondo do ataque ressoa pelo mundo. E assim como as noites em que o céu está pesado com a tempestade e repentinos clarões brancos e largos o atravessam, e cada objeto começa, bruscamente, como se a despertar; sob o clarão que a pistola de Bresci disparou, o mundo inteiro pôde ver, por um momento, as condições trágicas do povo italiano: famintos, atrofiados, aleijados, amontoados, degradados, assassinados;[12] mas que, ao mesmo tempo em que tremiam de medo, vieram e pediram aos anarquistas para se explicarem. E, naqueles poucos dias, centenas de milhares de pessoas leram sobre a ideia muito mais do que haviam lido antes.[13]

acabado de dar um tiro no ilustre anarquista (que foi atingido na perna) impedindo com isso que um possível segundo tiro fosse dado. Note-se que, aqui, de Cleyre encerra a sua listagem dos métodos anarquistas adequados ao caráter e capacidade dos indivíduos, com dois homens do povo, um sapateiro e um alfaiate, que haviam se destacado pela força de colocar o anarquismo em prática por meio de métodos, pacíficos ou violentos, que julgaram mais eficazes.
12. Segundo declarou, Bresci decidiu-se pelo assassinato depois do massacre ocorrido em Milão, em maio de 1898, no qual, segundo alguns jornais da época, cerca de 300 pessoas foram mortas e mais de mil ficaram feridas muito embora os números nunca tenham sido confirmados. O massacre foi levado a cabo pelo exército italiano sob o comando do General Bava-Beccaris a mando do rei Humberto I, que inclusive condecorou o general após o "feito". Tratou-se de uma repressão aos levantes de milhares de trabalhadores italianos, motivados pelo aumento dos tributos sobre o trigo e, por conseguinte, sobre o pão, em um contexto de fome e miséria. O massacre foi seguido de crescente autoritarismo com um sem-número de prisões e sessões de tortura dos considerados suspeitos de agitação política. No julgamento, Bresci alegou ter agido sozinho, movido pelo desejo não só de vingar as vítimas do massacre, como também a si mesmo, posto que teria sido obrigado a emigrar para os Estados Unidos, após uma vida de exploração e miséria.
13. Nessa passagem, de Cleyre postula, ainda que indiretamente, a eficácia da "estratégia da propaganda pelo feito", no caso do ato "terrorista" de Bresci. Pois,

Método? Você pergunta à primavera qual o método dela? Sobre o que é mais necessário, se a luz do sol ou a chuva? São contraditórios — sim; destroem-se uns aos outros — sim, mas dessa destruição resultam as flores.

Cada um escolhe o método que expressa melhor a sua individualidade, e que não se condene nenhum homem porque ele expressa o seu Eu de uma outra forma.

apesar da forte reação que, na Itália, se seguiu ao assassinato do rei — reação que levou centenas de inocentes à prisão, até porque qualquer manifestação pública de simpatia para com Bresci e seu ato passou a ser enquadrada como crime de apologia ao regicídio (o que chegou ao paroxismo de levar crianças e sacerdotes à detenção) —, a ideia anarquista, conforme sugere de Cleyre nesta passagem, nunca foi tão amplamente conhecida e debatida pelo povo italiano. É ainda digno de nota, dado não se tratar de mero detalhe, que a publicação do presente texto, precisamente em 13 de outubro de 1901, é posterior ao então recentíssimo assassinato do presidente dos Estados Unidos William McKinley, em 6 de setembro de 1901 pelas mãos do jovem imigrante de ascendência polonesa Leon Czolgosz, autodeclarado anarquista. Czolgosz, que foi executado numa cadeira elétrica no Estado de Nova York no mesmo mês do presente escrito, dia 29 de outubro, declarou abertamente ter se inspirado no ato de Bresci ao se decidir pelo assassinato do presidente McKinley. Segundo o *Indianapolis Journal* que cobriu a execução de Czolgosz, as suas palavras, assim que amarrado pelos guardas na cadeira elétrica, foram: "Eu matei o presidente, porque ele era inimigo das pessoas boas — dos trabalhadores. Não lamento pelo meu crime".

O anarquismo e as tradições americanas[1]

As tradições americanas nascidas da revolta religiosa, das pequenas comunidades autossustentáveis, condições isoladas e da dura vida dos pioneiros, desenvolveram-se durante os cento e setenta anos de colonização — do estabelecimento de Jamestown[2] à explosão da Revolução.[3] Essa foi, na verdade, a grande época da elaboração da constituição, o período das cartas a garantir mais ou menos liberdade, e cuja tendência geral é bem descrita por William Penn ao falar da carta da Pensilvânia: "Quero eliminar do meu poder e dos meus sucessores a possibilidade de fazer o mal".[4]

---

1. Texto originalmente publicado no jornal Mother Earth, em 1908.
2. Jamestown foi o nome dado à primeira colônia inglesa permanente na América do Norte. Fundada em 14 de maio de 1607, estava localizada às margens do rio James, no atual Estado da Virginia. O seu nome foi dado em homenagem ao então rei da Inglaterra, James Stuart.
3. Vale rememorar que a Revolução Americana teve como marco inicial a tentativa malsucedida do exército britânico de destruir um depósito de armas de uma das milícias de Boston, em 19 de abril de 1775; e como marco final o reconhecimento da independência dos Estados Unidos por parte do Império Britânico, selado no Tratado de Versalhes, oito anos depois, em 3 de setembro de 1783.
4. Em março de 1681, o rei Carlos II da Inglaterra concedeu a William Penn uma colônia no continente norte-americano, que veio a ser por ele batizada de Pensilvânia. Já em 1682, Penn estabeleceu um quadro de governo para a Pensilvânia de caráter democrático, em que direitos como a liberdade religiosa, a liberdade de expressão e a formação de uma Assembleia Geral cujos membros seriam eleitos, seriam assegurados. Boa parte das liberdades garantidas pela *protoconstituição* elaborada e reelaborada ao longo dos anos por Penn serviram de base para a Constituição dos Estados Unidos de 1787. O excerto aqui reproduzido por de Cleyre foi retirado da primeira versão de 1682.

A Revolução é a consciência súbita e unificada das tradições americanas, é a afirmação em voz alta dessas tradições mesmas, é o golpe que desferiram, com vontade indomável, contra a força oposta da tirania; que nunca se recuperou completamente do golpe, embora de lá para cá venha remodelando e reagrupando os instrumentos do poder governamental que a Revolução procurou moldar e estabelecer como garantias de liberdade.

Para o americano médio de hoje, a Revolução significa as diversas batalhas que foram travadas pelo exército patriota contra os exércitos da Inglaterra. Aos milhões de crianças que frequentam nossas escolas públicas, ensina-se a desenhar os mapas do cerco de Boston e do cerco de Yorktown, a discernir sobre o plano geral das várias campanhas, a recitar o número exato de prisioneiros de guerra rendidos com Burgoyne;[5] as crianças são obrigadas a lembrar a data em que Washington cruzou o rio Delaware congelado; a elas é dito "Lembre-se de Paoli!",[6] e que devem repetir que "Molly Stark é viúva",[7] além de chamar o General Wayne de "Anthony Wayne, o louco"[8] e execrar Benedict

---

[5]. John Burgoyne foi um general britânico que, embora reconhecido com distinção e louvor pela sua atuação na guerra dos Sete Anos, entrou para história por conta da derrota do seu exército pelas forças insurgentes estadunidenses no evento lembrado como Batalha de Saratoga, em 1777. De outro lado, para os colonos insurgentes a vitória representou um verdadeiro ponto de virada, dado que, através dela, obtiveram o apoio da França e, subsequentemente da Alemanha e Espanha — fundamental para a futura vitória que culminaria com o reconhecimento da independência dos Estados Unidos.

[6]. Grito de guerra de certos colonos revolucionários após o evento que ficou conhecido como Massacre de Paoli, em setembro de 1777, no qual um ataque surpresa bem-sucedido das forças britânicas a uma tropa de insurgentes que estava acampada perto de uma estalagem chamada General Paoli (daí o nome), destacou-se pela brutalidade dispensada aos rebeldes já rendidos.

[7]. Molly Stark era esposa do general da milícia de New Hampshire, John Stark, que se destacou como o herói da Batalha de Bennington, fundamental para o posterior sucesso em Saratoga. Sua esposa se tornou lenda graças ao seu grito de guerra: "Nós acabaremos com eles hoje ou Molly Stark é viúva".

[8]. Anthony Wayne era o general responsável pelo grupo de colonos que foi dizimado no Massacre de Paoli. Não obstante, em julho de 1779, teve a sua

Arnold;[9] elas sabem que a Declaração da Independência foi assinada em 4 de julho de 1776 e o Tratado de Paris, em 1783; e, assim, elas pensam que aprenderam sobre a Revolução — abençoado seja George Washington! Elas não sabem por que esse evento foi chamado de *revolução*, ao invés de *guerra inglesa* ou algum outro título similar: esse é o nome que foi dado e isso é tudo. E o culto ao nome, tanto no que diz respeito às crianças quanto aos adultos, adquiriu um tal domínio sobre eles, que o nome Revolução Americana é considerado sagrado, embora signifique nada mais do que uma força bem-sucedida, ao passo que o nome *revolução* quando aplicado a uma outra possibilidade, é um espectro detestado e odiado. Em nenhum dos dois casos, eles têm a menor ideia do conteúdo da palavra, que não seja o de força armada. Isso é algo que já aconteceu, e aconteceu há muito tempo, o que foi previsto por Jefferson, quando ele escreveu:

O espírito dos tempos pode mudar, irá mudar. Nossos governantes se tornarão corruptos; nosso povo, negligente. Um único zelote pode se tornar um algoz, e os melhores homens, suas vítimas. Nunca é demais repetir que o tempo de ajustar cada um dos direitos essenciais, numa base jurídica, é o tempo em que os nossos governantes são honestos e nós estamos unidos. Finda esta guerra, provavelmente iremos ladeira abaixo. Já não será necessário recorrer, a todo momento, às pessoas em busca de apoio. Serão esquecidas e, com isso, os seus direitos, desconsiderados. Esquecer-se-ão de si mesmas absortas exclusivamente na faculdade de ganhar dinheiro, e nunca pensarão em se unir para tornar efetivo o devido respeito aos seus direitos. As correntes, portanto, não

vingança ao liderar um ataque surpresa bem sucedido contra os britânicos, em moldes semelhantes do que havia sido vítima dois anos antes. Há diferentes versões para o porquê de ter ganho o epíteto de *louco*, mas, segundo os mais diversos relatos, destacou-se por uma coragem e bravura quase temerárias.
9. O colono Benedict Arnold lutou, em posição de destaque, na Revolução Americana, chegando a ser aclamado como herói até que, em 1780, teve descoberto o seu então recente acordo com o exército britânico de entregar o forte e os homens que estavam sob o seu comando em troca de dinheiro e de uma alta patente no exército britânico. Ao ser descoberto, Arnold conseguiu fugir e chegou a comandar tropas britânicas contra as milícias estadunidenses junto às quais até então havia lutado. Seu nome virou sinônimo de *traidor* nos Estados Unidos.

serão quebradas com o fim desta guerra, tornar-se-ão, ao invés disso, mais e mais pesadas, até que nossos direitos ressuscitem ou expirem numa convulsão.[10]

Para os homens daquela época, que expressaram o espírito daquele tempo, as batalhas que travaram eram o que havia de mais insignificante na Revolução; meros incidentes do momento, coisas com as quais se depararam e enfrentaram como parte do jogo em que haviam se metido; pois o lance que eles tinham em vista, antes, durante e depois da guerra, a verdadeira revolução, consistia numa transformação das instituições políticas que fariam do governo não uma coisa à parte, um poder superior que fiscaliza o povo por meio do chicote, mas, sim, um agente prestativo, responsável, econômico e confiável (mas nunca confiável a ponto de não ser continuamente observado), capaz de negociar essas questões de preocupação comum e colocar como os limites dessa preocupação comum a linha onde a liberdade de um homem não invade a de outro.

Eles, portanto, tomaram como ponto de partida para derivar o governo mínimo, o mesmo fundamento sociológico do qual o anarquista moderno deriva a sua teoria do não governo; nomeadamente: o de que a liberdade igualitária [*equal liberty*] é o verdadeiro ideal político. A diferença reside, de um lado, na crença de que a liberdade igualitária está melhor assegurada pela regra da maioria nos assuntos que envolvem os diversos tipos de ação coletiva (regra da maioria que eles julgam ser possível assegurar através de acordos simples para a eleição); e, de outro, na crença de que a regra da maioria é tanto impossível, quanto indesejável; de que qualquer governo, não importa qual seja sua forma, será manipulado por uma minoria muito pequena, como o desenvolvimento dos governos dos Estados e dos Estados Unidos têm provado de modo notável; de que os candidatos professarão, em alto e bom som, lealdade nos palanques antes das eleições, para desprezá-la abertamente, quando no exercício

---

10. Excerto retirado do *Notes on the State of Virginia*, de 1785.

do poder de modo a fazer o que quiserem; e de que mesmo que a vontade da maioria pudesse vir a ser imposta, ela subverteria o próprio princípio da liberdade igualitária, que é melhor assegurado quando deixado a cargo da associação voluntária dos interessados na gestão dos assuntos de interesse comum, sem a coerção dos desinteressados ou dos oponentes.

No que diz respeito às semelhanças fundamentais entre republicanos revolucionários e anarquistas está o reconhecimento de que o menor deve preceder o maior; que o local deve ser a base do geral; que só pode haver uma federação livre quando houver comunidades livres para federar; que o espírito das comunidades é levado para o interior dos conselhos da federação, e que, assim, uma tirania local pode se tornar um instrumento de escravização geral. Convencidos da suprema importância de livrar as municipalidades das instituições da tirania, os mais vigorosos defensores da independência, ao invés de concentrar os seus esforços principalmente no Congresso geral, dedicaram-se às suas localidades de origem, empenhando-se para remover das mentes dos seus vizinhos e companheiros colonistas as instituições sociais mantenedoras dos privilégios da propriedade, da Igreja-Estado, de um povo dividido em classes, e inclusive a instituição da escravidão africana. Apesar de terem sido, em grande medida, malsucedidos, devemos as liberdades que dispomos ao sucesso do que conseguiram alcançar; e não ao governo geral. Eles tentaram inculcar a iniciativa local e a ação independente. O autor da *Declaração da Independência*, que no outono de 76 recusou a reeleição para o Congresso a fim de retornar ao Estado da Virgínia para trabalhar na assembleia local[11] com a organização da educação pública — que justamente considerava um assunto

---

11. Aqui, de Cleyre está se referindo à recusa de Jefferson à sua nomeação, pelo Congresso Continental — grupo de delegados que, durante e depois da Revolução Americana, atuou em nome das 13 colônias, como governo federal — ao cargo de comissário responsável por representar os Estados Unidos no exterior. Jefferson não aceitou a função e retornou para a Virgínia, onde atuou na Câmara dos Delegados local.

de *interesse comum* — disse na sua defesa das escolas públicas que não tinha a menor intenção de "tirar esse ramo das mãos da iniciativa privada, que administra muito melhor esses interesses ante os quais está em condição de igualdade"; e na tentativa de deixar claras as restrições da Constituição sobre as funções do governo geral, ele disse ainda:

> Que o governo geral seja reduzido apenas às questões internacionais, e que nossos assuntos estejam desemaranhados de todos aqueles das outras nações, exceto quanto ao comércio, que os comerciantes administrarão por si mesmos, e então o governo geral poderá ser reduzido a uma organização muito simples e muito barata; algumas obrigações simples serão realizadas por alguns poucos servidores.[12]

Essa era então a tradição americana, a de que a iniciativa privada administra melhor tudo aquilo que lhe É igual. O anarquismo declara que a iniciativa privada, seja individual ou cooperativa, é igual a todo e qualquer empreendimento da sociedade. E cita, em particular, as duas instâncias, educação e comércio, que os governos dos Estados e dos Estados Unidos se comprometeram a administrar e regulamentar, como as duas cujo funcionamento fez mais pela destruição da liberdade e igualdade americanas, fez mais pela deformação e distorção da tradição americana e pela transformação do governo num poderoso mecanismo de tirania, do que qualquer outra foi capaz de fazê-lo, salvo o desenvolvimento imprevisto da manufatura.

Era intenção dos revolucionários estabelecer um sistema comum de educação, que deveria fazer do ensino de história uma de suas principais áreas; e isso não com o intento de sobrecarregar a memória da nossa juventude com datas de batalhas ou discursos de generais, nem de fazer dos índios da Rebelião do Chá em Boston[13] a única turba sacrossanta em toda a história

---

12. Excerto de uma carta de Jefferson a Gideon Granger, de 13 de agosto de 1800.
13. No original, *Boston Tea Party Indians*. Traduzido literalmente, a *Festa do Chá de Boston* foi como ficou conhecido o ponto de culminância da insatisfação e resistência organizada dos colonos norte-americanos para com as políticas

que deve ser reverenciada, mas jamais imitada; mas, sim, com o intento de que todo americano soubesse as condições a que as massas de seres humanos foram reduzidas graças ao funcionamento de certas instituições, por quais meios suas liberdades foram drenadas, e como essas liberdades continuaram incessantemente a ser surrupiadas pelo uso da força estatal, da fraude e do privilégio. O motivo principal do empenho dos revolucionários em assumir a tarefa da educação pública comum não foi o de propiciar a sensação de segurança, o louvor, a indolência complacente e a aquiescência passiva para com os atos de um governo protegido pelo rótulo *feito em casa*;[14] mas, sim, o de estimular um ciúme insone e alerta, uma vigilância sem fim contra os governantes, a determinação necessária para reprimir toda e qualquer tentativa da parte daqueles a quem foi confiado o poder, de invadir a esfera da ação individual.

"A confiança", disseram os revolucionários que adotaram as Resoluções de Kentucky,[15]

---

fiscais impostas pela Inglaterra. Ponto de culminância que é, unanimemente, considerado como um dos eventos centrais precursores da Revolução. Aconteceu em 16 de dezembro de 1773, quando dezenas de colonos norte-americanos, vestidos de indígenas, invadiram navios britânicos e jogaram no mar centenas de baús de chá da Companhia Britânica das Índias Orientais.

14. Um dos meios de resistir aos pesados tributos impostos pela Metrópole foi a organização de boicotes à importação de seus produtos. Os boicotes obtiveram forte apoio popular, caso de mulheres que desempenharam papel protagonista com o grupo Filhas da Liberdade [*Daughters of Liberty*], bem-sucedido na sua campanha de estímulo ao uso exclusivo de roupas *feitas em casa*. Possivelmente, ao utilizar esta expressão, de Cleyre está se referindo a esse movimento generalizado de boicote contra a importação de produtos da metrópole, que ganhou força na segunda metade dos 1760, e veio a culminar na Revolta do Chá, por sua vez, prenúncio da Revolução.

15. Conforme de Cleyre desenvolverá no parágrafo seguinte, as Resoluções de Kentucky, escritas anonimamente por Thomas Jefferson (como se soube décadas mais tarde), consistiram numa espécie de moção de repúdio às leis (*Alien and Sedition Acts*) então aprovadas pelo Congresso Federal que davam ao presidente (então o segundo presidente dos Estados Unidos, John Adams) poder para extraditar estrangeiros que fossem julgados uma ameaça nacional, além de restringir a liberdade de imprensa no que tangia à possibilidade de

é, em todo lugar, a mãe do despotismo; o governo livre é fundado no ciúme, não na confiança; é o ciúme, não a confiança, que prescreve limites às constituições, de modo a restringir aqueles a quem somos obrigados confiar, quando dotados de poder; nossa Constituição fixou, consequentemente, os limites até onde, e não além, a nossa confiança pode ir... Em questões de poder, que não mais se ouça falar de confiança no homem, mas de amarrá-lo para longe da corrupção com as correntes da Constituição.

Essas resoluções aplicavam-se especialmente à aprovação das leis de estrangeiros [*Alien and Sedition Acts*] pelo partido monarquista durante a administração de John Adams; e consistiam numa convocação indignada do Estado de Kentucky ao repúdio do direito do governo geral de assumir poderes não delegados, dado que, segundo eles, aceitar essas leis seria "sujeitar-se a leis feitas não com o nosso consentimento, mas, sim, contra o nosso consentimento — o que é o mesmo que renunciar à forma de governo que escolhemos, para viver sob uma outra, que deriva os seus poderes da sua própria vontade, e não da nossa autoridade". Resoluções idênticas em espírito também foram aprovadas na Virgínia, no mês seguinte; naqueles dias, os Estados ainda se consideravam supremos, e o governo geral, subordinado.

Inculcar esse espírito orgulhoso da supremacia do povo sobre os seus governantes deveria ser o propósito da educação pública! Pegue hoje qualquer livro escolar de história e veja, por si mesmo, o quanto deste espírito encontrará nele. De ponta a ponta, não

---

criticar o governo. As leis foram aplicadas com rigor, resultando em dezenas de prisões e julgamentos especialmente de editores de jornais que se opunham ao governo federal. As Resoluções — apresentadas e adotadas pela Câmara dos Representantes do Kentucky, poucos meses depois de aprovadas as leis de estrangeiros e sedição, em julho de 1798 —, frisavam, conforme o trecho que será citado por de Cleyre, a limitação da autoridade federal garantida pela constituição, para fundamentar a tese de que tais leis seriam, na verdade, inconstitucionais, o que tornava um dever impedir a sua aplicação. O motivo do segredo da autoria de Jefferson é o de que ele, na época, era o vice-presidente e, caso fosse enquadrado nessa lei que as Resoluções apontavam como inconstitucional, poderia ser considerado culpado.

encontrará nada além do tipo mais barato de patriotismo, a promoção da aceitação menos questionadora possível dos atos do governo, uma canção de ninar sobre o descanso, a segurança, a confiança — a doutrina de que a Lei não pode fazer nenhum mal, um *Te Deum* em louvor à contínua invasão dos poderes do governo geral sobre os direitos reservados dos Estados, uma falsificação descarada de todos os atos de rebeldia, de modo a colocar o governo como certo e os rebeldes como errados, glorificações pirotécnicas da união, do poder e da força, e uma completa ignorância acerca das liberdades essenciais que precisam ser garantidas, garantia que consistia no propósito dos revolucionários. A lei anti-anarquista sancionada no período pós-McKinley,[16] uma lei ainda pior do que as leis de estrangeiros e sedição [*Alien and Sedition Acts*] — que suscitaram a ira dos estados de Kentucky e Virgínia a ponto de uma ameaça de rebelião — é exaltada como uma sábia provisão do nosso *Pai Que Tudo Vê* em Washington.

16. A Lei de Imigrantes de 1903 [*Immigration Act of 1903*] foi uma das peças-chave da reação do governo estadunidense contra o assassinato do presidente McKinley, pelo autodeclarado anarquista Leon Czolgosz em setembro de 1901. Popularmente conhecida como lei de exclusão dos anarquistas, é bastante clara sobre as "classes de estrangeiros que devem ser excluídas de admissão nos Estados Unidos"; classes essas que, conforme relatado na Seção 2 do Capítulo 1.012, diziam respeito a "todos os idiotas, pessoas insanas, epilépticas", "mendigos profissionais", "pessoas com doenças contagiosas repugnantes e perigosas", condenadas por crimes ou envolvidas com o ramo da prostituição; e, por fim, como não poderia ser diferente, aplicava-se também e sobretudo aos "anarquistas, ou pessoas que acreditem ou defendam a derrubada por meio de força ou violência do governo dos Estados Unidos ou de todos os governos". A Seção 38 do mesmo capítulo é ainda mais clara na sua mira aos anarquistas, ao reafirmar que a "nenhuma pessoa que descrê ou se opõe aos governos organizados, ou que seja membro ou afiliada a qualquer organização que adote e ensine tal descrença ou oposição a todos os governos organizados [...] será permitido entrar nos Estados Unidos ou em qualquer território ou lugar sujeito à sua jurisdição"; o que é mais uma vez reafirmado e complementado na Seção 39, cujo postulado é o de que nenhuma pessoa que seja enquadrada nessa classe que descrê ou se opõe aos governos organizados "será naturalizada ou se tornará um cidadão dos Estados Unidos".

Esse é o espírito das escolas ofertadas pelo governo. Pergunte a qualquer criança o que ela sabe sobre a rebelião de Shays, e ela responderá:

— Ah, alguns fazendeiros não podiam pagar os impostos, e Shays liderou uma rebelião contra o Tribunal de Worcester, para que eles pudessem queimar os documentos das dívidas e hipotecas;[17] e quando Washington soube disso, enviou rapidamente um exército que lhes ensinou uma boa lição.

— E qual foi o resultado?

— O resultado? Foi que... foi que... o resultado foi... Ah sim, eu me lembro... o resultado foi que viram a necessidade de um governo federal forte para coletar os impostos e pagar as dívidas.[18]

17. Rebelião de Shays foi o nome dado a uma série de ataques aos tribunais de Massachusetts, ocorridos entre 1786 e 1787. Tal como Daniel Shays, um de seus líderes, que emprestou o nome à rebelião, vários desses rebeldes haviam lutado na Revolução Americana, que, apesar de bem-sucedida, deixou os Estados cheios de dívidas; para saná-las, foram impostos aos cidadãos pesados tributos. Os envolvidos na Rebelião de Shays eram majoritariamente fazendeiros pobres do Estado de Massachusetts que, após a Revolução, pela qual não foram recompensados, se viram sem condições de arcar com impostos ainda maiores do que pagavam, anteriormente, à coroa britânica. A insolvência resultou em diversas prisões por dívidas, além da hipoteca de fazendas. Os protestos por parte dos fazendeiros foram iniciados pacificamente, com petições e propostas enviadas ao governo, mas, ante a permanência dos altos tributos, os rebeldes se organizaram para agir diretamente de modo a fechar tribunais, caso do tribunal de Worcester aqui mencionado, e com isso impedir o andamento dos processos contra os fazendeiros endividados. O movimento obteve forte apoio popular, não obstante tenha sido encerrado com a derrota de cerca de 1.200 rebeldes pela milícia privada do então governador de Massachusetts, ao tentarem invadir um depósito de armas e munições do governo federal em Springfield.

18. Parece ser um consenso entre os historiadores que a Rebelião de Shays teve importância singular no processo de federalização dos Estados Unidos. A primeira protoconstituição dos Estados Unidos intitulada "Artigos da Confederação", promulgada logo após a Declaração de Independência, lograva aos Estados um poder muito maior em relação ao governo central (representado pelo Congresso Continental), dada a concepção, gestada na Revolução, de que o poder fragmentado asseguraria melhor as liberdades individuais (confederação). Ironicamente, porém, a rebelião de Shays fortaleceu os federalistas que defendiam um governo federal forte. O resultado foi que no mesmo ano em que a Rebelião de Shays foi esmagada, uma nova Constituição para os Esta-

Pergunte a ela se sabe o que foi dito pelo outro lado da história, pergunte se sabe que os homens que deram os seus bens e a sua saúde e a sua força para a libertação do país se encontravam então presos por dívidas, doentes, incapacitados e pobres, enfrentando uma nova tirania no lugar da velha; que o que demandavam era que a terra se tornasse uma posse comunal livre para todos aqueles que desejassem trabalhar nela, não sujeita a tributos; e a criança responderá: "Não". Pergunte se ela já leu a carta de Jefferson para Madison, na qual ele diz:

As sociedades existem sob três formas, suficientemente distinguíveis:

1. Sem governo, caso dos nossos índios;

2. Sob um governo em que a vontade de cada um exerce justa influência; como é o caso da Inglaterra num grau mínimo, e em nossos Estados em grande escala;

3. Sob o governo da força, como é o caso de todas as outras monarquias, e da maioria das outras repúblicas.

Para ter uma ideia da maldição da existência no caso dessas últimas, é preciso observá-las. É o governo dos lobos sobre as ovelhas. E um problema que não está claro na minha cabeça é que a primeira condição não seja a melhor. Embora acredite que é inconsistente com um grau significativo da população. A segunda forma tem uma série de aspectos positivos... Também tem seus males, cujo principal é a turbulência a que está sujeita. [...] Mas mesmo esse mal é capaz de produzir o bem. Previne a degeneração do governo e alimenta a atenção geral para com os assuntos públicos. Eu acredito que uma pequena rebelião, volta e meia, é uma coisa boa.[19]

Ou conforme escreve a outro correspondente:

Deus nos livre de ficar vinte anos sem uma rebelião!... Que país pode preservar as suas liberdades se os seus governantes não forem, volta e meia, advertidos de que o povo preserva o espírito de resistência?

---

dos Unidos foi elaborada e promulgada — a até hoje vigente —, com George Washington ocupando o cargo de primeiro presidente dos Estados Unidos, dois anos depois, em 1789.
19. Carta datada de 30 de janeiro de 1797.

Deixe-o pegar em armas... A árvore da liberdade deve ser renovada de tempos em tempos com o sangue dos patriotas e dos tiranos. Esse é o seu adubo natural.[20]

    Pergunte a qualquer criança em idade escolar se a ela foi alguma vez ensinado que o autor da *Declaração da Independência*, um dos grandes fundadores da escola pública, disse coisas desse tipo, e ela olhará para você com a boca aberta e os olhos incrédulos. Pergunte se ela já ouviu falar que o homem que fez soar o toque de clarim na hora mais tenebrosa da Crise, que despertou a coragem dos soldados quando Washington só foi capaz de ver, à frente, motim e desespero,[21] pergunte se ela sabe que este homem também escreveu: "O governo, na melhor das hipóteses, é um mal necessário, na pior, um mal intolerável";[22] e se ela estiver um pouco mais informada do que a média, responderá: "Oh, sim, ele [Tom Paine] era um infiel!"[23] Sabatine-a sobre os

---

20. Nesta carta endereçada ao "Coronel Smith", Jefferson está pensando nominalmente na rebelião de Shays. Ele elogia a honradez com que estava sendo conduzida e, muito embora julgue que os seus motivos estavam fundamentados na ignorância e no equívoco, a rebelião não perdia, por isso, para ele, a sua relevância. A *letargia* ante o que se considera, ainda que equivocadamente, uma injustiça é, isso sim, segundo escreve, "a morte da liberdade pública". Além do mais, complementa com certo humor, ainda nesta carta: "as pessoas não podem estar todas, e a todo tempo, bem informadas".
21. Aqui de Cleyre está fazendo menção à série de panfletos, escritos e publicados por Paine de 1776 a 1783, intitulados "A crise americana", também simplesmente conhecidos como "A crise". O primeiro dessa série de panfletos, publicado em 19 de dezembro de 1776, foi lido a mando de George Washington para todas as tropas sob seu comando no acampamento de inverno em Valley Forge, onde, além do frio, da fome e de problemas de abastecimento em geral, 12.000 homens tiveram de enfrentar também a doença (algo em torno de 2.000 soldados morreram, ao longo do inverno de 1777-1778).
22. Excerto retirado do panfleto *Common Sense*, publicado por Paine no início da Revolução Americana precisamente em janeiro de 1776.
23. O epíteto de infiel foi ganho em decorrência da crítica ferrenha à religião institucionalizada contida no seu livro *A Idade da Razão*, escrito na prisão da França dos jacobinos, em 1794. Embora não negasse a existência de Deus — como muitos iluministas da época, ele se considerava deísta — Paine ganhou, ainda assim, a fama de ateu e, com esta, o infame epíteto.

méritos da Constituição que ela aprendeu a repetir como um papagaio, e você descobrirá que a sua concepção central não é sobre as limitações do poder do Congresso, mas sobre os poderes que lhe são outorgados.

Esses são os frutos das escolas públicas. Nós, os anarquistas, apontamos para eles e dizemos:

Se aqueles que acreditam na liberdade desejam que os princípios da liberdade sejam ensinados, que eles nunca confiem tal instrução a um governo; pois é da natureza do governo se tornar uma coisa à parte, uma instituição que existe para o seu próprio bem, que rapina o povo e ensina apenas aquilo que tende a garantir a sua posição. Tal como os pais fundadores disseram sobre os governos da Europa, dizemos então também deste governo após mais de um século de independência: "O sangue do povo se tornou a herança, e aqueles que engordaram com ele não o abandonarão facilmente".

A educação pública, por dizer respeito ao intelecto e ao espírito de um povo, é provavelmente o mecanismo mais sutil e de maior alcance para se moldar o curso de uma nação; o comércio, porém, ao lidar com as coisas materiais, da maneira que o faz, produzindo efeitos imediatos, tornou-se a força que mais rapidamente avançou contra as barreiras de papel das restrições constitucionais; e, com isso, moldou o governo de acordo com as suas exigências. Aqui, de fato, chegamos ao ponto em que, ao olhar os cento e vinte cinco anos de independência, podemos facilmente concluir que o governo simples tal como concebido pelos revolucionários republicanos era um fracasso predestinado. E isso devido à:

1. Essência do próprio governo;

2. Essência da natureza humana;

3. Essência do comércio e da manufatura.

No que diz respeito à essência do governo, como já disse, é uma coisa à parte, que desenvolve os seus interesses às custas do que a ela se opõe; todas as tentativas de tentar transformá-la em alguma outra coisa falharam. Nisso os anarquistas concordam com os inimigos tradicionais da Revolução, os monarquistas, federalistas, os adeptos fiéis do governo forte, os Roosevelts da atualidade, os Jays, Marshalls e Hamiltons dos tempos idos, o mesmo Hamilton que, na condição de Secretário do Tesouro,[24] concebeu o sistema financeiro do qual somos os desafortunados herdeiros, e cujos objetivos eram duplos: confundir o povo tornando as finanças públicas obscuras para os que pagaram por elas; servir como máquina de corrupção de legislaturas; "pois ele admitiu a opinião de que o homem só pode ser governado por dois motivos, força ou interesse";[25] e como a força estava, então, fora de questão, ele se concentrou no interesse, na ganância dos legisladores, para dar origem a uma associação de pessoas com condições de vida totalmente separadas das condições de vida dos seus eleitores, que se unem via a corrupção mútua e desejo mútuo de pilhagem.[26] O anarquista concorda que Hamilton era lógico e entendia o cerne do governo; a diferença é que enquanto os governamentalistas acreditam que isso é necessário e desejável, escolhemos a conclusão oposta: *Não a qualquer forma de governo*.

Quanto à essência da natureza humana, o que a nossa experiência nacional deixou claro é que permanecer num estado de contínua elevação moral não é da natureza humana. Pois aconte-

---

24. Alexander Hamilton foi o primeiro Secretário do Tesouro dos Estados Unidos. Nomeado pelo presidente George Washington em 1789, permaneceu no cargo até 1795, quando renunciou por questões pessoais.
25. Não só nessa citação direta, mas igualmente nas considerações anteriores sobre Hamilton, de Cleyre está ecoando as palavras de Jefferson sobre esse que era o seu rival político.
26. A anarquista, possivelmente, tinha aqui em mente uma declaração polêmica de Hamilton, até hoje bastante divulgada, a saber: "Expurgar o sistema constitucional de corrupção e dar igualdade de representação à ala popular tornariam um governo impraticável: tal como é atualmente, com todos os seus supostos defeitos, é o governo mais perfeito que já existiu".

ceu o que foi profetizado: descemos ladeira abaixo da Revolução até o presente; estamos absorvidos *unicamente em ganhar dinheiro*. O desejo pelo conforto material há muito derrotou o espírito de 1776. Que espírito era esse? O espírito que animou as pessoas da Virgínia, das duas Carolinas, de Massachusetts e Nova York, quando se recusaram a importar mercadorias da Inglaterra; quando preferiram (e mantiveram) a posição de usar roupas grosseiras feitas em casa, de beber infusões e fermentações de cultivo próprio, para assim ajustar seus apetites ao abastecimento doméstico, em vez de se submeter à tributação do ministério imperial. Já durante a vida dos revolucionários, porém, esse espírito decaiu. O amor pelo conforto material tem sido, para a vasta massa dos seres humanos e de modo permanente, sempre maior do que o amor à liberdade. Em cada mil mulheres, novecentos e noventa e nove estão mais interessadas no corte do vestido do que na independência do seu próprio sexo; em cada mil homens, novecentos e noventa e nove estão mais interessados em beber um copo de cerveja do que questionar o imposto que incide sobre a cerveja; quantas crianças não estão dispostas a trocar a liberdade de brincar pela promessa de um boné novo ou de um novo vestido? Isso é o que dá origem ao mecanismo complicado da sociedade; isso é o que, ao multiplicar as áreas de atuação do governo, multiplica a sua força e, assim, a correlata fraqueza do povo; isto é o que origina a indiferença para com as questões públicas, facilitando, consequentemente, a corrupção do governo.

Quanto à essência do comércio e da manufatura, trata-se do seguinte: estabelecer vínculos entre todos os cantos do globo terrestre e todos os outros cantos que houver, multiplicar as necessidades da humanidade e o desejo de posse material e prazer.

A tradição americana dizia respeito à separação dos Estados, tanto quanto possível. Disseram eles: conquistamos nossas liberdades através do sacrifício árduo e da luta até a morte. Desejamos agora ser deixados em paz e deixarmos os outros em paz, que os nossos princípios tenham tempo de serem testados; que possamos nos acostumar com o exercício dos nossos direitos; e que possamos nos ver livres da influência contaminante das quinquilharias, ostentação e distinções europeias. Eles valorizaram tão profundamente a ausência dessas influências que bem poderiam, com todo o fervor, ter escrito: "Veremos incontáveis casos de europeus chegando à América, mas nenhum homem vivo jamais verá um exemplo de um americano que tenha buscado se estabelecer na Europa, e continuado lá".[27] Ai de mim! Em menos de cem anos, o maior objetivo da Filha da Revolução[28] era, e ainda é, comprar um castelo, um título, algum senhor corrupto, com o dinheiro arrancado da servidão americana! E os interesses comerciais da América buscam agora estabelecer um império mundial!

No momento inicial da revolta e, a seguir, da independência, parecia que o "destino manifesto"[29] da América era o de ser um povo agrícola, trocar alimentos e matérias-primas por artigos manufaturados. Naqueles tempos, estava escrito: "Seremos virtuosos enquanto a agricultura for o nosso principal objetivo, o que acontecerá efetivamente desde que haja terras vazias em alguma parte da América. Quando estivermos empilhados uns sobre os outros em grandes cidades, como acontece na Europa, tornar-nos-emos corruptos como na Europa, e passaremos a devorar

---

27. Palavras de Jefferson (levemente modificadas) escritas em carta endereçada a James Monroe, em junho de 1795.
28. Referência a *The Daughters of American Revolution*, uma organização sem fins lucrativos formada em 1890 e até hoje vigente, composta exclusivamente por mulheres descendentes dos combatentes da Revolução Americana. Os objetivos, segundo declarado em seu *site*, são promover a preservação histórica, a educação e o patriotismo.
29. Cunhada em meados do século XIX, a doutrina do *destino manifesto* assegurava a sanção divina à expansão territorial dos Estados Unidos em direção ao oeste. Os seus entusiastas acreditavam que Deus havia atribuído aos Estados Unidos o destino de expandir a então jovem república até o Oceano Pacífico. Clara na sua defesa da supremacia branca, serviu como *justificativa* tanto para a expropriação dos povos nativos dos seus territórios, quanto para o seu brutal extermínio. Ganhou novo ânimo, no final do século XIX e início do século XX, quando o Havaí foi anexado ao território estadunidense.

uns aos outros como se faz lá".³⁰ Ora, é justamente isso o que estamos fazendo, por conta do desenvolvimento inevitável do comércio e da manufatura, além da expansão concomitante de um governo forte. E a profecia que se segue a essa é igualmente cumprida: "Se, algum dia, este vasto país for submetido a um único governo, será um dos maiores casos de corrupção, indiferente e incapaz de um cuidado salutar sobre uma extensão de superfície tão ampla".³¹ Hoje, não há sobre a face da Terra um governo tão absoluta e desavergonhadamente corrupto como o dos Estados Unidos da América. Há outros mais cruéis, mais tirânicos, mais devastadores; não há nenhum outro, porém, que seja tão venal.

E, no entanto, mesmo naqueles dias dos profetas, e inclusive com o seu consentimento, foi feita a primeira concessão à tirania. Foi feita quando a Constituição foi criada;³² e a constituição foi criada principalmente por causa das demandas do comércio. Assim, a Constituição foi, desde o princípio, uma máquina de mercadores, ante a qual os demais interesses do país, como a terra e os interesses trabalhistas, já então podiam pressentir a destruição das suas liberdades. Em vão, o ciúme deles contra o poder central fez com que promulgassem as primeiras doze emendas. Em vão, empenharam-se para estabelecer limites que o governo federal não poderia ousar infringir. Em vão, promulgaram a lei

---

30. Excerto de uma carta de Jefferson a Madison, datada de dezembro de 1787. Curioso observar a modificação tendenciosa que de Cleyre faz aqui nas palavras de Jefferson, dado que no original, ele escreve que os "governos" — e não as pessoas —, como ela sugere, serão virtuosos enquanto "forem principalmente agrícolas".
31. Carta de Jefferson a William Taylor Barry, datada de julho de 1822.
32. Aqui, de Cleyre está sugerindo claramente que a mudança no sistema governamental de confederação para federação, concretizada na Constituição de 1787, é uma traição ao espírito da Revolução Americana — o que, de outro lado, pelo mesmo motivo, aproximaria a Revolução do anarquismo. Quanto aos profetas que que teriam consentido com a primeira forma da tirania da jovem nação, isto é, a Constituição, cabe dizer que Jefferson exerceu papel proeminente na sua elaboração (por cartas, dado que na época era embaixador na França), muito embora boa parte da sua atuação tenha sido justamente no sentido de limitar o poder do governo central.

geral de liberdade de expressão, de imprensa, de assembleia e petição. Todos os dias, testemunhamos essas coisas sendo espezinhadas e temos testemunhado isso, com intervalos maiores ou menores, desde o início do século XIX. Atualmente, qualquer tenente de polícia se considera, e com razão, mais poderoso que a Lei Geral da União; e aquele que disse a Robert Hunter que ele trazia nas mãos algo mais forte do que a Constituição, estava perfeitamente correto.[33] O direito de assembleia é uma tradição americana que saiu de moda; o clube de polícia é a moda agora. E assim o é em virtude da indiferença do povo para com a liberdade e da interpretação contínua e progressiva da Constituição como substância de um governo imperial.

É uma tradição americana que um exército permanente seja uma ameaça permanente à liberdade; sob a presidência de Jefferson o exército foi reduzido a 3 mil homens. É uma tradição americana que nos mantenhamos afastados dos assuntos de outras nações. É uma prática americana nos intrometermos nos assuntos do mundo todo, do Ocidente às Índias Orientais, da Rússia ao Japão; e para fazer isso, temos um exército permanente de 83.251 homens.

É uma tradição americana que os assuntos econômicos de uma nação sejam gerenciados pelo mesmo princípio elementar da honestidade, a partir do qual um indivíduo conduz os seus negócios particulares; a saber, que a dívida é uma coisa ruim, e que o primeiro ganho excedente de um homem deve ser aplicado para sanar as suas dívidas; que os departamentos governamentais e cargos públicos devem ser poucos. É uma prática americana

---

33. Dito de modo sumário, Robert M. T. Hunter quando Senador da Virgínia (1847–1861) atuou, segundo suas próprias palavras, prioritariamente como *homem do sul*, cujo principal propósito era o de que a escravidão no sul fosse garantida pela Constituição, de modo inclusive a evitar a alternativa mais drástica de que os Estados do sul buscassem se tornar independentes da União. Embora os seus esforços políticos tenham se dado no sentido de evitar a Guerra Civil, o que lhe garantiu a controversa classificação de moderado, foi expulso do Congresso quando apoiou abertamente as rebeliões que se iniciavam no sul.

que o governo geral tenha sempre milhões de dívidas, mesmo que seja necessário gerar pânico ou iniciar uma guerra para que se impeça que essas dívidas sejam pagas; e quanto à aplicação dos seus lucros os cargos políticos estão em primeiro lugar. Na última administração relata-se que 99 mil vagas para cargos públicos foram criadas com uma despesa anual de $1.663 bilhões. Sombras de Jefferson! "Como são obtidas as vacâncias? Por mortes são poucos; por renúncia, nenhum." Roosevelt desata o nó criando 99 mil novos cargos![34] E poucos irão morrer e nenhum demitir-se. Eles gerarão filhos e filhas, e Taft terá que criar mais 99 mil! Realmente, esse nosso governo geral é uma coisa muito simples e útil.

É uma tradição americana que o Judiciário funcione como um freio à impetuosidade das Legislaturas, caso tentem ultrapassar as fronteiras dos limites constitucionais. É uma prática americana que o Judiciário justifique toda lei que infrinja as liberdades das pessoas e que anule todo ato de Legislatura mediante o qual o povo recupere, em alguma medida, a sua liberdade. Mais uma vez, segundo as palavras de Jefferson: "A Constituição é uma coisa de cera nas mãos do Judiciário, que ele pode retorcer e moldar em qualquer formato que deseje".[35] É uma verdade que se os homens que, naqueles dias, lutaram a boa luta pelo triunfo da vida simples, honesta e livre, olhassem agora para o cenário resultante do seu trabalho, berrariam junto àquele que disse:

Lamento que eu esteja agora para morrer com a convicção de que os autossacrifícios inúteis da geração de 76 em nome do autogoverno e da felicidade do seu país serão jogados fora pelas paixões insensatas e

---

34. Durante seu mandato como Comissário do Serviço Público (1889–1895), Roosevelt exerceu papel proeminente na reforma no serviço público estadunidense, o qual resultou na criação de mais de 90 mil empregos públicos, conforme colocado aqui por de Cleyre.
35. Excerto de uma carta de Jefferson ao juiz Spencer Roane, datada de setembro de 1819.

indignas de seus filhos, e que o meu único consolo só pode ser o de que não viverei o suficiente para ver isso.[36]

E agora, o que o anarquismo tem a dizer sobre tudo isso, sobre a falência do republicanismo, sobre o império moderno que cresceu em cima das ruínas da nossa liberdade primeira? Nós dizemos que o pecado cometido por nossos pais foi o de não terem confiado plenamente na liberdade. Eles pensaram que era possível reconciliar a liberdade com o governo, acreditando que o último seria uma espécie de "mal necessário", e no momento em que esse acordo foi feito, o monstro infame da nossa atual tirania começou a crescer. Os instrumentos criados para salvaguardar os direitos tornaram-se o chicote com o qual se golpeia os que são livres.

O anarquismo diz: Não crie nenhuma lei concernente ao discurso, e o discurso será livre; tão logo se declare em papel que o discurso deve ser livre, e se terá cem advogados para provar que "liberdade não significa abuso, e tampouco uma licença para se fazer o que quiser";[37] e irão definir e redefinir a liberdade tantas vezes até o ponto de tirar a sua existência. Que a garantia da liberdade de expressão esteja na determinação de cada homem em usá-la e já não teremos necessidade de declarar isso ou aquilo em papel. Por outro lado, na medida em que as pessoas não tratem de exercitar a sua liberdade, aqueles que desejam tiranizar o farão; pois os tiranos são ativos e ardentes, e se dedicarão, em nome de alguma quantidade de deuses, sejam religiosos ou não, a colocar algemas de aço nos homens adormecidos.

O problema torna-se então: como é possível arrancar os homens da sua indiferença? Nós dissemos que o espírito da liberdade foi cultivado pela vida colonial; que os elementos da vida colonial eram o desejo por uma independência sectária, e a vigilância ciumenta que derivava disso; o isolamento das comunidades pioneiras que impunha a cada indivíduo contar com os próprios recursos, desenvolvendo, dessa maneira, homens versáteis, e, ao

---

36. Excerto de uma carta de Jefferson a John Holmes, datada de 1820.
37. No original, *freedom does not mean abuse, nor liberty license*.

mesmo tempo, criando os fortes laços sociais que antes existiam; e, por fim, a simplicidade relativa das pequenas comunidades. Tudo isso desapareceu. Quanto ao sectarismo, é apenas por força de alguma perseguição eventual e idiota que uma seita se torna interessante; na ausência de perseguição, seitas bizarras fazem o papel do bobo, são tudo menos heroicas e têm pouco a ver seja com a palavra ou com a substância da liberdade. Os partidos coloniais religiosos de outrora se tornaram, gradualmente, os "pilares da sociedade", as animosidades entre eles desapareceram, suas peculiaridades ofensivas foram obliteradas; estão tão parecidos quanto feijão e vagem, eles constroem igrejas e dormem nelas.

Quanto às nossas comunidades, elas são absoluta e desesperadamente interdependentes, como nós mesmos o somos, salvo aquela parcela da população continuamente decrescente envolvida em todo tipo de cultivo e plantio; e mesmo essas pessoas são escravas das hipotecas. Considerando as nossas cidades, provavelmente, não há uma que seja abastecida o suficiente a ponto de durar uma semana, e certamente não há nenhuma que não estaria arruinada ante a proposição de produzir o seu próprio alimento. Em resposta a esta condição e à tirania política que lhe é correlata, o anarquismo defende a economia da autossustentabilidade, a desintegração das grandes comunidades, o uso da terra.

Não estou em posição de dizer que vejo claramente que isso acontecerá; o que vejo claramente é que isso *tem de* acontecer se algum dia os homens forem livres novamente. Estou suficientemente convencida de que a massa da humanidade prefere bens materiais à liberdade, de modo que não tenho qualquer esperança de que um dia essa massa venha, unicamente por meio de agitações intelectuais e morais, se livrar do jugo da opressão imposto sobre ela pelo atual sistema econômico e instituir sociedades livres. Minha única esperança está no desenvolvimento cego do sistema econômico e na própria opressão política. O principal fator ameaçador a esse poder gigantesco é a manufatura. A tendência de cada nação é se tornar cada vez mais fabril, uma exportadora de bens fabris, não uma importadora. Se esta tendência seguir sua própria lógica, eventualmente cada comunidade produzirá os mesmos produtos para si mesma. O que será, então, da produção excedente quando o fabricante não tiver mercado externo? Se este for o caso, então, a humanidade tem de enfrentar o dilema entre sentar e morrer em meio a essa situação ou confiscar os bens.

Na verdade, já agora, estamos enfrentando esse problema parcialmente; já agora estamos sentados e morrendo. No entanto, sou da opinião de que os homens não agirão dessa maneira para sempre e quando, através de um ato de expropriação geral, eles superarem o medo e a reverência à propriedade, e o seu temor do governo, eles podem vir a despertar para a consciência de que as coisas existem para ser usadas e que, portanto, os homens são superiores às coisas. Isso pode vir a despertar o espírito de liberdade.

Se, por outro lado, a tendência de inventar para simplificar — possibilitando que as vantagens trazidas pelas máquinas sejam combinadas com pequenas agregações de trabalhadores — também seguir a sua lógica, as grandes fábricas irão quebrar, a população irá atrás dos fragmentos, e aí o que se verá não serão as comunidades autossustentáveis e isoladas dos primórdios da América, mas milhares de pequenas comunidades dispostas ao longo das linhas de transporte, cada uma produzindo amplamente para as próprias necessidades, capaz de contar consigo mesma e, portanto, capaz de ser independente. Pois a mesma regra que vale para sociedades, vale para indivíduos — somente pode ser livre quem é capaz de garantir a própria subsistência.

No que diz respeito à destruição da criação mais vil da tirania, o exército e a marinha permanentes, é uma obviedade que, enquanto os homens desejarem brigar, eles terão forças armadas de alguma forma. Nossos pais [fundadores] pensaram que haviam se protegido contra um exército permanente ao criar uma milícia voluntária. Em nossos dias, nós vivemos para testemunhar essa milícia como parte declarada da força militar dos Estados

Unidos, sujeita às mesmas demandas que essa.[38] Na próxima geração, provavelmente testemunharemos os seus membros serem alocados na folha regular de pagamento do governo geral. Uma vez que qualquer encarnação do espírito de luta, qualquer organização militar, segue inevitavelmente a mesma linha que conduz à centralização de poder, a lógica proposta pelo anarquismo é a de que a forma menos questionável de força armada é aquela que surge voluntariamente, como os *Minutemen* de Massachusetts,[39] e que se dissolve assim que a ocasião que a chamou à existência é superada; que o realmente desejável é que todos os homens e não apenas os americanos vivam em tempos de paz; e que para se alcançar isso, todas as pessoas pacíficas terão de deixar de apoiar o exército, e exigir de todos aqueles que optam pela guerra que a levem adiante por sua própria conta e risco; e que nem salários e nem pensões sejam pagos àqueles que escolhem fazer do assassinato de seres humanos um negócio.

No que diz respeito à tradição americana da não interferência, o anarquismo solicita que ela seja levada para o âmbito do indivíduo. O que não implica uma barreira de isolamento; ele sabe que o isolamento é tanto indesejável, quanto impossível; não obstante ensine que desde que todos os homens cuidem exclusivamente das suas próprias vidas, o resultado será uma sociedade fluida, capaz de adaptar-se livremente às necessidades mútuas,

---

38. Aqui, de Cleyre, provavelmente, tem em mente a lei promulgada em 1903, *Militia Act of 1903*, em que era assegurado ao presidente e aos Estados um controle maior sobre as milícias, garantindo inclusive a possibilidade de federalização, aos moldes do Exército, das milícias organizadas, também chamadas de Guarda Nacional.

39. *Minute Men* foi o nome pelo qual ficaram conhecidos os membros das milícias de Massachusetts que desempenharam papel crucial no início da Revolução Americana, dado que a sua formação e treinamento datavam de muito antes. Destacavam-se, entre outros aspectos, pela ausência de uma liderança central. Ao contrário da anarquista, essa ausência, interpretada como debilidade por alguns estudiosos, foi também compreendida como o principal motivo da sua dissolução.

em que o mundo na sua totalidade pertencerá a todos homens, tanto quanto cada um tenha necessidade ou desejo.

E quando a revolução moderna for levada ao coração do mundo — isso se algum dia ela for, como eu espero que seja —, então talvez possamos ver uma ressurreição do espírito orgulhoso dos nossos pais [fundadores], que colocaram a simples dignidade humana acima de frivolidades como riqueza e classe, e sustentaram que ser um americano era algo muito maior do que ser rei.

Nesse dia, não haverá nem reis nem americanos, apenas seres humanos; sobre toda a terra, *seres humanos*.

Ação direta[1]

Do ponto de vista de alguém que se julga capaz de elaborar uma rota consistente para o progresso humano, se é que é para haver progresso humano, quem, ao ter esse tipo de rota em mente, esforça-se para mostrá-la a outros; para fazê-los ver o que ele mesmo vê; quem, ao fazer isso, escolheu expressões claras e simples para transmitir os seus pensamentos aos outros — para uma tal pessoa é motivo de pesar e confusão que a expressão *ação direta* repentinamente tenha adquirido, no senso comum, um significado circunscrito, em nenhuma medida implícito na expressão em si, e o qual certamente nunca lhe foi atribuído seja pela pessoa em questão ou pelos seus co-pensadores.

No entanto, essa é uma das peças mais comuns que o Progresso prega naqueles que se julgam capazes de definir a sua extensão e limites. Recorrentemente, nomes, frases, motes, palavras de ordem são virados do avesso, de cabeça para baixo, de trás para frente e de lado, por eventos absolutamente fora do controle daqueles que usaram as expressões em seu sentido adequado; de todo modo, os que se mantiveram firmes em sua posição e insistiram em ser ouvidos, no final, terminaram por descobrir que o período de mal-entendidos e preconceitos era apenas o prelúdio para uma investigação e entendimento mais amplos.

---

1. Texto originalmente publicado no jornal *Mother Earth*, em 1912, sob a forma de panfleto. Escrito poucos meses antes da sua morte (além de proferido numa conferência em Chicago), é considerado pelos seus comentadores, de modo praticamente unânime (caso inclusive do posfácio de Emma Goldman presente nesta edição), como um testemunho da mudança de posicionamento da antes autodeclarada pacifista para com a ação direta violenta.

Eu acredito que esse será o caso do atual equívoco para com o termo *ação direta*, que por conta da má interpretação mesma, ou da deturpação deliberada de certos jornalistas de Los Angeles na época em que os McNamaras se declararam culpados,[2] repentinamente adquiriu no ideário popular o significado de *ataque violento à vida e à propriedade*. Quer essa incompreensão tenha se dado pela ignorância ou pela desonestidade dos jornalistas, ela teve o efeito de incitar, em muitas pessoas, a curiosidade de saber tudo sobre a Ação Direta.

Na verdade, aqueles que a condenam de modo tão veemente e excessivo, descobrirão, através do exame, que eles mesmos, em não raras ocasiões, praticaram a ação direta e o farão novamente.

Qualquer pessoa que alguma vez julgou ter o direito de defender algo, e fez isso, corajosamente, por si mesma, ou juntamente a outras pessoas que compartilhavam as suas convicções, agiu como um ativista direto. Uns trinta anos atrás, lembro que o Exército da Salvação praticou a ação direta de modo bem vigo-

---

2. Os irmãos McNamara, como ficaram conhecidos John J. e James B. McNamara ao longo do seu julgamento, foram dois sindicalistas condenados pelo atentado à bomba ao prédio do jornal *Los Angeles Times* que deixou 21 mortos e várias pessoas feridas (a bomba havia sido programada para explodir à uma hora da manhã, mas ao longo daquela madrugada em específico havia gente trabalhando no prédio). O crime ocorrido em primeiro de outubro de 1910, só teve a autoria descoberta em abril de 1911, e embora os dois irmãos tenham inicialmente se declarado inocentes, logo assumiram toda a culpa não só por esse, como também por um outro atentado à bomba, em dezembro de 1910, a uma companhia de ferro — o qual, apesar da grande destruição das estruturas da fábrica, não resultou em mortes. A escolha pelo prédio do *Los Angeles Times* se deveu ao fato de o jornal ser peça-chave do sufocamento do movimento sindical em Los Angeles, já que era porta-voz dos grandes industriais. A explosão levada a cabo pelos McNamaras foi noticiada pelos jornais da época como "o crime do século". Por meio do fundo levantado pelos sindicalistas e simpatizantes da causa, os irmãos alegaram inocência e foram defendidos pelo famoso advogado da classe trabalhadora, Clarence Darrow, mencionado por de Clayre no texto aqui presente, "Anarquismo". Seja como for, ambos foram condenados, e Darrow quase teve a sua carreira destruída, quando o seu nome foi envolvido numa suposta tentativa de suborno dos jurados do caso McNamara, acusação da qual, posteriormente, foi julgado inocente.

roso, com o intuito de garantir aos seus membros a liberdade de expressão, de reunião e culto. Várias vezes, eles foram detidos, multados e encarcerados, mas continuaram a cantar, orar e marchar, até que finalmente compeliram os seus perseguidores a deixá-los em paz.[3] Os trabalhadores industriais estão agora empreendendo a mesma luta, e, em um bom número de casos, conseguiram forçar as autoridades a deixá-los em paz, justamente através do uso das táticas diretas.[4]

Qualquer pessoa que já tenha elaborado um plano de fazer uma determinada coisa e foi lá e a fez, ou que traçou um plano antes dos outros e angariou a sua cooperação para levá-lo a cabo conjunta-

---

3. O Exército da Salvação é uma vertente cristã de inspiração metodista, fundada em 1865 na Inglaterra. A sua expansão foi bastante rápida, estabelecendo certa influência nos EUA já nos 1880 (atualmente está espraiado por mais de 130 países, dentre os quais está o Brasil). Como a sua formação inicial incluía majoritariamente membros dos extratos mais baixos da classe trabalhadora, as marchas e cultos religiosos animados (extravagantes e musicais ao ar livre, marca característica do movimento nesse seu momento inicial) causaram horror na classe média religiosa tradicional, o que acarretou inúmeras e consecutivas prisões tanto na Inglaterra da época quanto nos Estados Unidos, sob a acusação de perturbar a paz e obstruir vias públicas. Um de seus membros mais proeminentes nos Estados Unidos, por exemplo, conhecido como Joe, o Turco, chegou a ser preso 53 vezes. Como sugere de Cleyre, os salvacionistas puderam garantir seus direitos insistindo na continuidade das manifestações religiosas nas ruas e, por conseguinte, nas prisões dos seus expoentes, mas também fizeram concessões para adaptar as expressões coletivas de entusiasmo e êxtase religioso ao gosto da classe média.

4. O sindicato radical *Industrial Workers of the World* (IWW), fundado em 1905 em Chicago, justamente no ano de publicação do presente texto, em 1912, liderou uma das greves mais importantes da sua história e, possivelmente, da história das paralisações dos EUA em geral. A greve dos trabalhadores do setor têxtil da cidade de Lawrence ficou conhecida como Greve do Pão e Rosas, nome inspirado pela frase "Queremos pão e rosas também", inscrita nos estandartes empunhados em marchas e desfiles. Embora a mobilização tenha sido extremamente bem-sucedida e angariado forte simpatia da opinião pública estadunidense, a reação silenciosa que se seguiu nos anos seguintes também o foi: entre 1913 e 1914, os ativistas da IWW foram paulatinamente demitidos das fábricas de modo que a organização praticamente desapareceu da cidade de Lawrence.

mente, sem que, para isso, tivesse recorrido a autoridades externas para fazer a coisa por ele, agiu como um ativista direto. Todos os experimentos cooperativos são essencialmente ação direta.

Qualquer pessoa que, em algum momento da sua vida, se viu diante de um problema para resolver e se dirigiu diretamente a outras pessoas envolvidas para resolvê-lo, por meio de um plano pacífico ou de alguma outra forma, agiu como um ativista direto. Exemplos de ação direta são as greves e os boicotes; muitas pessoas se lembrarão da ação das donas de casa de Nova York que boicotaram os açougueiros e conseguiram abaixar o preço da carne[5]; atualmente, um boicote à manteiga parece estar se aproximando, como uma resposta direta aos fabricantes de preços de manteiga.[6]

Geralmente, essas ações não decorrem do raciocínio meticuloso sobre os respectivos méritos do que é direto ou indireto, são antes contestações espontâneas de quem se sente oprimido por uma determinada situação. Em outras palavras, todas as pessoas são, na maioria das vezes, adeptas do princípio da ação direta e das práticas que lhe são condizentes. Boa parte das pessoas são

5. Certamente, de Cleyre está se referindo aqui ao evento que ficou conhecido como Boicote à Carne Kosher, de 1902, levado a cabo por donas de casa judias residentes dos guetos de Nova York. O boicote chegou ao ponto máximo quando milhares de mulheres, nas portas dos açougues, impediram quem quer que fosse de comprar carne *kosher* ou destruíram elas mesmas a própria carne — o que levou a confrontos com a polícia e prisões. O movimento obteve apoio não só da imprensa e lideranças religiosas judaicas, mas também de alguns veículos importantes da grande mídia, e mesmo de alguns pequenos açougueiros (dado que o aumento do preço que ocasionou o movimento havia sido imposto pelo oligopólio da carne nos EUA da época). Em menos de um mês, o propósito do evento atingiu o seu fim e o preço voltou ao valor original. O Boicote à Carne Kosher de 1902 serviu de inspiração não só para os demais movimentos de boicotes levados a cabo por donas de casa ao longo de todo os Estados Unidos, como para muitos outros que se seguiram.
6. A liga formada pelas donas de casa para o boicote da manteiga, *National Housewives League*, poucos meses antes da publicação do presente texto, foi também extremamente bem-sucedida: dezenas de milhares de donas de casa se envolveram com a causa e não só conseguiram abaixar o preço do produto, como o seu sucesso deu origem a uma série de outros boicotes levados a cabo pela liga.

também ativistas indiretas ou ativistas políticas. E são ainda as duas coisas ao mesmo tempo, sem que precisem refletir sobre isso. Apenas um número muito limitado de pessoas evita a ação política em toda e qualquer circunstância; mas não há ninguém, absolutamente ninguém, que tenha sido *impossível* a ponto de se abster da ação direta completamente.

A maioria das pessoas pensantes são oportunistas. Algumas talvez com mais franqueza, algumas mais indiretamente, como uma atitude geral, mas sempre prontas para se valer de qualquer meio desde que a oportunidade exija. Ou seja, há quem sustente que colocar governantes no poder por meio do voto é uma coisa essencialmente equivocada e tola; mas que sob circunstâncias especialmente tensas, pode vir a considerar como a coisa mais sábia a se fazer votar num determinado indivíduo para ocupar um cargo político, durante um certo período de tempo. Há também aqueles que acreditam que, de um modo geral, a maneira mais sábia de o povo conseguir o que deseja é através do método indireto de eleger uma pessoa que tornará as suas demandas algo legal; ainda que, ocasionalmente, essas mesmas pessoas possam, em condições excepcionais, ser favoráveis à greve; e a greve, como disse, é uma ação direta. Ou elas podem fazer o mesmo que os agitadores do Partido Socialista (que são os que atualmente mais se posicionam contra a ação direta) fizeram no verão passado, quando a polícia estava impondo adiamentos sucessivos aos seus encontros. Eles foram, em massa, aos locais de reunião, preparados para falar quer os deixassem ou não, o que fez a polícia recuar. E embora não fosse lógico da parte deles se opor aos executores legais da vontade da maioria, foi uma bela e bem-sucedida peça de ação direta.

Mas quem então são as pessoas que, pela essência mesma das suas crenças, estão comprometidas, de modo exclusivo, com a ação direta? Certamente, os resistentes não violentos [*nonresistents*]; precisamente aqueles que não acreditam em nenhuma forma de violência! Só não cometa o erro de inferir que eu tenha dito que a ação direta é o mesmo que a resistência não violenta; de forma alguma. A ação direta pode ser o extremo da violência, ou tão tranquila quanto as águas do reservatório de Siloé que fluem mansamente.[7] O que eu digo é o seguinte: os verdadeiros resistentes não violentos só podem acreditar na ação direta, nunca na ação política. Pois a base de toda ação política é a coerção; mesmo quando o Estado realiza coisas boas, no frigir dos ovos, fundamenta-se sobre o porrete, a arma ou a prisão, pois seu poder é levá-los a cabo.

Atualmente, todas as crianças em idade escolar nos Estados Unidos tomam conhecimento, ao estudar a disciplina história na escola, da ação direta de certos resistentes não violentos. O exemplo que todo mundo lembra instantaneamente é o dos primeiros *quakers* que vieram para Massachusetts. Os puritanos acusaram os *quakers* de "perturbar o mundo ao pregar a paz para ele". Eles se recusaram a pagar os impostos da igreja; eles se recusaram a carregar armas; eles se recusaram a jurar lealdade a qualquer governo. (Ao fazer isso, eles agiram como ativistas diretos, o que podemos chamar de ativistas diretos negativos.) Assim, os puritanos, na condição de ativistas políticos, fizeram com que fossem aprovadas leis para deixá-los fora do jogo, para deportá-los, multá-los, prendê-los, mutilá-los e, finalmente, enforcá-los. E, ainda assim, os *quakers* continuaram chegando (o que configurou uma ação direta positiva); e a história registra que, depois do enforcamento de quatro *quakers* e do açoitamento de Margaret Brewster, com as mãos amarradas no fundo de uma carroça, pelas ruas de Boston,[8] "os puritanos desistiram de tentar silen-

---

7. Referência a Isaías 8:6.
8. Margaret Brewster além de ser amarrada ao fundo de uma carroça, recebeu vinte chibatadas ao longo do caminho com o seu torso completamente desnudo. O motivo da punição foi o seu protesto contra a perseguição dos *quakers* pelos puritanos. Em 1677, Brewster interrompeu um culto religioso dos seus perseguidores, ao entrar numa igreja de Boston no mais absoluto silêncio, com um aparência absolutamente chocante e desafiadora para os rígidos padrões puritanos da época: tinha fuligem sobre os cabelos, o rosto estava pintado de preto, os pés descalços e suas vestes eram compostas unicamente de sacos pretos. O tumulto, segundo relatado pelos presentes, foi enorme. Alguns acharam que

ciar os novos missionários"; que "a persistência dos *quakers* e a resistência não violenta dos *quakers* venceram".

Outro exemplo de ação direta no início da história colonial, mas, desta vez, não do tipo pacífico, foi o caso que ficou conhecido como Rebelião de Bacon. É certo que todos os nossos historiadores defendem a ação dos rebeldes nesse evento, pois eles estavam mesmo certos. No entanto, trata-se de um caso de ação direta violenta contra a autoridade legalmente constituída. Para o benefício daqueles que se esqueceram dos detalhes, permitam-me lembrá-los rapidamente de que os agricultores da Virgínia temiam um ataque dos indígenas; e com razão. Na condição de ativistas políticos, eles solicitaram — ou foi Bacon, como seu líder, quem solicitou — que o governador lhes outorgasse uma comissão para angariar voluntários para defesa própria. O governador temeu que um tal grupo de homens armados pudesse vir a ser uma ameaça para ele; também com razão. Ele recusou a comissão. Diante disso, os agricultores recorreram à ação direta. Eles formaram um grupo de voluntários sem a comissão, e lutaram com sucesso contra os índios. Bacon foi declarado traidor pelo governador; mas com o povo a seu favor, o governador temeu tomar medidas contra ele. No final, a coisa chegou a tal ponto que os rebeldes incendiaram Jamestown; e não fosse a súbita e inesperada morte de Bacon, muito mais poderia ter sido feito. Claro que a reação foi absolutamente terrível, como geralmente acontece quando uma rebelião entra em colapso ou é esmagada. No entanto, durante o breve período do seu sucesso, corrigiu muitos abusos. Tenho certeza de que, sobre a ação política a qualquer custo defendida naquele contexto, depois que a reação voltou ao poder, deve ter sido dito: "Vejam que males a ação direta nos traz! O progresso da colônia foi atrasado em 25 anos" — esquecendo-se de que, se os colonos não tivessem

---

ela era o próprio diabo encarnado. Em geral, esse seu ato de desobediência civil (ou essa sua ação direta, segundo a presente terminologia) foi, apesar de tudo, extremamente bem-sucedido: Brewster foi a última quacker, segundo registros, torturada em Boston.

recorrido à ação direta, seus escalpos teriam sido tomados pelos indígenas um ano antes, ao invés de muitos deles terem sido enforcados pelo governador um ano depois.

No período de agitação e empolgação que precedeu a Revolução, havia toda espécie e tipo de ação direta, da mais pacífica à mais violenta; e creio eu que quase todos aqueles que estudam a história dos Estados Unidos encontram no relato dessas performances a parte mais interessante da história, a parte que marca a memória mais facilmente.

Entre os movimentos pacíficos levados a cabo, estavam os acordos de não importação, as campanhas para o uso de roupas produzidas localmente e os "comitês de correspondência".[9] Na medida em que o crescimento inevitável da hostilidade progrediu, a ação direta violenta se desenvolveu; por exemplo, no caso da destruição da receita dos selos,[10] ou das ações tomadas contra os navios de chá, fosse através do impedimento do descarregamento de chá, do seu armazenamento deliberado em locais úmidos, ou, como aconteceu em Boston, ao atirar todo chá no mar do porto, e, o que é ainda mais radical, ao obrigar o armador

9. Embora as relações entre metrópole e colônia tivessem, por mais de um século e meio, sido relativamente pacíficas, com o fim da Guerra dos Sete Anos, a partir dos 1760, o Império Britânico passou a promulgar, sequencialmente, leis para o aumento dos tributos e controle sobre os colonos — o que encontrou resistência imediata. Os comitês de correspondência aos quais se refere de Cleyre foram formados nesse período para a resistência organizada, por meio do compartilhamento de ideias e informações entre as lideranças das diversas localidades das treze colônias, com o fim de coordenar e executar planos de ação contra as políticas da metrópole. Ganharam força, especialmente, na década seguinte. Nos anos imediatamente anteriores à Revolução Americana, dezenas de comitês de correspondência foram criados. Em 1774, as suas atividades resultaram na formação do Congresso Continental.
10. Considerada como o principal evento precursor da Revolta do Chá em Boston, a Lei do Selo [Stamp Act] foi a primeira lei promulgada pelo Parlamento britânico, em 1765, que impunha impostos diretamente sobre os colonos, no caso sobre qualquer tipo de documento veiculado na colônia — o que prejudicava especialmente os comerciantes. As ações empreendidas pelos colonos contra a execução da lei obtiveram rápido êxito: ela foi revogada, menos de um ano depois, em março de 1766.

do navio de chá a incendiar o próprio navio, como foi o caso em Annapolis. Todas essas ações estão registradas nos nossos livros didáticos mais comuns e, certamente, não de forma condenatória, como tampouco apologética, muito embora todas elas sejam casos de ação direta contra a autoridade legalmente constituída e os direitos de propriedade. Se eu chamo a atenção para elas, e outras de natureza semelhante, é tão somente para provar aos irrefletidos repetidores palavras, que *a ação direta sempre foi usada, e tem a sanção histórica das mesmas pessoas que agora a reprovam*.

George Washington, segundo dizem, foi o líder da liga da não importação dos agricultores da Virgínia; ele agora seria "intimado", provavelmente por um tribunal, por formar uma tal liga; e se ele persistisse, seria multado por desacato.[11]

Quando a grande disputa entre o Norte e o Sul estava ficando cada vez mais quente, foi novamente a ação direta que precedeu e precipitou a ação política. E posso acrescentar aqui que uma ação política nunca é tomada, ou sequer contemplada, até que as mentes adormecidas sejam despertas por ações diretas de protesto contra as condições existentes.

A história do movimento antiescravidão e da Guerra Civil é um dos maiores paradoxos da história, apesar de a história ser uma cadeia de paradoxos. Politicamente falando, foram os Estados escravistas que defenderam uma maior liberdade política, a autonomia dos Estados individuais contra a interferência dos Estados Unidos; politicamente falando, foram os Estados não escravistas que defenderam um governo forte e centralizado, o qual, diziam os secessionistas, e diziam a verdade, estava fadado, progressivamente, a assumir formas cada vez mais tirânicas. O que, de fato, aconteceu. Desde o fim da Guerra Civil, tem havido uma invasão contínua do poder federal sobre o que antes era da esfera do poder dos Estados individuais. Os escravos assalaria-

---

11. De fato, no início de 1769, George Washington ajudou a formular e foi o responsável por apresentar um conjunto de resoluções de não importação (*Virginia Association*) como forma de resistir às leis de taxação e controle que vinham sendo sequencialmente impostas pela Metrópole.

dos, em sua luta atual, entram continuamente em conflito com aquele poder centralizado contra o qual o proprietário de escravos protestou (com a liberdade nos lábios e a tirania no coração). Eticamente falando, foram os Estados não escravistas que, de um modo geral, defenderam uma liberdade humana maior, ao passo que os secessionistas defenderam a escravidão racial. Mas isso apenas de um modo geral; ou seja, a maioria dos nortistas, não acostumada com a presença real da escravidão negra em seu entorno, julgou que ela provavelmente era um equívoco; embora não tenha demonstrado grande ansiedade para que fosse abolida. Apenas os abolicionistas, e eles eram relativamente poucos, devem ser considerados genuinamente éticos, já que para eles era a própria escravidão e não a secessão ou a união, a questão principal. Na verdade, essa questão era tão crucial para eles, que um número considerável dos abolicionistas era favorável à dissolução da união; defendiam que o Norte tomasse a iniciativa nessa questão da dissolução, para que os nortistas pudessem se livrar da culpa de manter os negros acorrentados.

Obviamente, havia todos os tipos de pessoas dotadas de todos os tipos de temperamentos entre aquelas que defendiam a abolição da escravidão. Havia *quakers* como Whittier (na verdade, foi a paz a qualquer custo dos *quakers* que defendeu a abolição já no início do período colonial);[12] havia ativistas políticos moderados, os que eram a favor de comprar escravos para depois libertá-los, como a forma mais barata; e havia pessoas extremamente violentas, que faziam e acreditavam em todo tipo de coisas violentas.

---

12. O poeta *quaker* John Greenleaf Whittier foi um dos abolicionistas mais ativos e destacados dos Estados Unidos. Em 1833, publicou um dos escritos mais importantes para a causa abolicionista — o panfleto intitulado "Justiça e conveniência: ou, a escravidão considerada com vistas ao seu remédio legítimo e eficaz, a abolição" [*Justice and expediency: or, slavery considered with a view to its rightful and effectual remedy, abolition*] — e fundou, junto com outros, a Sociedade Americana Antiescravidão.

Quanto ao que os políticos fizeram, trata-se de uma longa história de *como não fazer*, uma história de trinta anos de acordos e barganhas, de tentar deixar o que era tal como era, e de oferecer propina a ambos lados quando novas condições demandassem que algo fosse feito, ou que se fingisse que algo estava sendo feito. Mas "as estrelas de suas órbitas combateram contra Sísera";[13] o sistema estava quebrando por dentro, e os ativistas diretos, do lado de fora, estavam alargando, implacavelmente, as rachaduras.

Entre as várias expressões da rebelião direta estava a organização da ferrovia clandestina [*underground railroad*]. A maioria das pessoas que pertencia a ela acreditava em ambos os tipos de ação; no entanto, por mais que, teoricamente, elas subscrevessem o direito da maioria de promulgar e fazer cumprir as leis, não acreditavam nesse direito no que diz respeito às leis da escravidão. Meu avô era um membro da clandestina [*underground*]; ele ajudou muitos escravos fugitivos em seu caminho para o Canadá. Ele era um homem muito paciente e cumpridor da lei na maioria dos seus aspectos, embora, várias vezes, tenha me parecido que ele as respeitava porque não tinha muito a ver com elas; por sempre ter levado uma vida pioneira, a lei, em geral, era-lhe distante, e a ação direta, um imperativo. Seja como for, e respeitador da lei como era, ele não tinha o menor respeito por o quer que se relacionasse com as leis da escravidão, não fazia a menor diferença se criadas por dez vezes mais do que a maioria; ele conscienciosamente infringiu cada uma que veio ao seu encontro para ser infringida.

Houve momentos em que a operação da *clandestina* exigiu a violência e ela foi usada. Lembro que uma velha amiga me relatou como ela e sua mãe passaram uma noite inteira vigiando a porta, enquanto um grupo de homens armados procuravam o escravo que estava escondido no porão; e embora fossem descendentes e simpatizantes dos *quakers*, havia uma espingarda em cima mesa. Que, afortunadamente, não precisou ser usada naquela noite.

13. Referência a Juízes 5:20.

Quando a Lei do Escravo Fugitivo[14] foi aprovada com o apoio dos ativistas políticos do Norte, com o intuito de oferecer um novo paliativo aos escravistas, os ativistas diretos começaram a resgatar fugitivos recapturados. Houve o Resgate de Shadrach[15] e o Resgate de Jerry[16] que foi, inclusive, levado a cabo pelo famoso

14. A Lei do Escravo Fugitivo de 1850 [*Fugitive Slave Act of 1850*] previa que negros escravizados no sul que houvessem fugido para viver nos estados livres do Norte fossem capturados e devolvidos à escravidão. A novidade dessa lei, ante a lei do escravo fugitivo anterior, de 1793, era não só restringir os direitos dos indivíduos capturados a qualquer defesa ou julgamento (na medida em que descendentes de africanos não poderiam ser considerados cidadãos), como também exigir que todos os cidadãos estadunidenses, o que incluía os nortistas, auxiliassem na captura dos escravizados fugitivos. Aos oficiais que se recusassem a cumprir os mandatos ou aos cidadãos que ajudassem alguma pessoa negra a fugir, a lei previa multas e detenções. Com esta lei, assinada pelo presidente Millard Fillmore, o governo federal assumia como atribuição sua o asseguramento da escravidão no sul. A litografia do artista Theodore Kauffman é, nesse sentido, exemplar. Intitulada *Efeitos da Lei do Escravo Fugitivo*, mostra homens negros correndo, fugindo e sendo baleados por um bando homens brancos respeitáveis, com suas cartolas. As roupas com as quais os homens negros são representados na imagem sugerem que viviam como homens livres no Norte. Na parte inferior da litografia, encontra-se a seguinte citação bíblica: "Não entregarás a seu senhor o servo que, tendo fugido dele, se acolher a ti" (Deuteronômio 23:15.) Muito embora milhares de homens negros tenham sido capturados e obrigados a retornar à condição de escravidão, outro dos principais efeitos dessa lei foi o de inflamar o movimento abolicionista, o que angariou um maior apoio dos nortistas brancos à "ferrovia clandestina".
15. Shadrach Minkins foi um escravizado que conseguiu escapar de Norfolk na Virgínia, em 1850 pouco antes da Lei do Escravo Fugitivo ser aprovada. Foi capturado, em fevereiro do ano seguinte, em Boston, onde trabalhava num restaurante. Detido num tribunal (advogados abolicionistas se ofereceram imediatamente para trabalhar na sua causa), que foi logo cercado por centenas de ativistas diretos em protesto, Minkins foi *resgatado* por um bando homens negros armados que invadiram o tribunal. Com o *resgate*, Minkins conseguiu fugir pela ferrovia clandestina até o Canadá.
16. Meses após a captura e resgate de Shadrach Minkins em Boston, William Henry, conhecido como "Jerry", foi detido por policiais enquanto trabalhava em Siracusa (Nova York) — cidade em que vivia fazia quase dez anos. A poucos quarteirões de distância da delegacia para onde foi levado, estava sendo sediada a convenção antiescravista do Partido da Liberdade, de modo que, quando sua captura foi anunciada, milhares de pessoas se aglomeraram no local (há

Gerrit Smith;[17] e muitas outras tentativas bem e malsucedidas. Os políticos continuaram enrolando e tentando suavizar as coisas, ao passo que os abolicionistas foram denunciados e condenados pelos pacificadores *ultracumpridores-da-lei*, muito semelhante ao que está acontecendo agora com Wm. D. Haywood e Frank Bohn, que foram denunciados pelo seu próprio partido.[18]

Outro dia, li no *Chicago Daily Socialist* um comunicado do secretário do Partido Socialista de Louisville ao secretário nacio-

---

quem avente terem sido algo em torno de dez mil pessoas). Após uma tentativa frustrada para libertá-lo, diversos homens apoiados pela multidão invadiram a delegacia, derrubando com barras de ferro as suas portas. Apesar de ter sido ferido com um tiro pela polícia durante a invasão, Jerry, como Minkins, conseguiu fugir, pela ferrovia clandestina, até o Canadá.

17. Gerrit Smith foi um dos mais dedicados abolicionistas da sua época. Além de fundador do primeiro partido abolicionista dos EUA, o Partido da Liberdade [*Liberty Party*] (o mesmo que apareceu em massa para o Resgate de Jerry), foi presidente da Sociedade Antiescravidão de Nova York por três anos e desempenhou papel de liderança na ferrovia clandestina. Oriundo de uma família abastada e homem de negócios bem-sucedido, tornou-se também conhecido como o mais importante filantropo estadunidense antes da Guerra Civil, dadas as recorrentes doações de dinheiro e propriedades a inúmeras ações em favor da causa abolicionista. Também foi figura importante na defesa do sufrágio universal e, embora em boa parte dos seus discursos defendesse o voto de mulheres brancas, ampliou essa luta também para o caso de mulheres e homens negros — uma *audácia* então, praticamente, sem precedentes. Concorreu quatro vezes ao cargo de presidente dos Estados Unidos.

18. Wm. D. Haywood, conhecido como Big Bill Haywood, e Frank Bohn se descaram no movimento socialista pela defesa da ação direta, sintetizada no explosivo panfleto "Socialismo industrial" da autoria de ambos, publicado em 1911. Eis o problema que de Cleyre está relatando: quando os irmãos McNamara admitiram a culpa pelo atentado, em dezembro de 1911, o forte apoio popular que o Partido Socialista obtivera — com a fé pública de que os irmãos haviam sido vítimas de uma conspiração que pretendia desacreditar o movimento sindical — desmoronou absolutamente. Com isso, a continuidade da defesa de Haywood e Bohn da ação direta, ainda que não da atitude dos irmãos em específico (no artigo aqui citado por de Cleyre, ambos inclusive atribuem o atentado à ignorância dos irmãos no que diz respeito à ação direta, o que seria responsabilidade da atitude covarde dos socialistas de ensinar a luta de classes) aumentou as tensões já existentes no interior do Partido Socialista entre os chamados revolucionários e gradualistas.

nal do Partido, solicitando que algum orador confiável e sensato substituísse Bohn, que havia sido anunciado para falar lá. Ao explicar o porquê, o sr. Dobbs faz a seguinte citação de uma conferência de Bohn:

> Se os McNamaras tivessem sido bem-sucedidos na defesa dos interesses da classe trabalhadora, eles estariam certos, assim como John Brown estaria certo, se tivesse tido sucesso em libertar os escravos. A ignorância foi o único crime de John Brown, e a ignorância foi o único crime dos McNamaras.[19]

Sobre isso o sr. Dobbs comenta o seguinte:

> Nós contestamos enfaticamente as declarações aí feitas. A tentativa de traçar um paralelo entre a revolta aberta e equivocada de John Brown, de um lado, e os métodos secretos e homicidas dos McNamaras, de outro, não só é indicativa de um raciocínio superficial, mas altamente perniciosa no que diz respeito às conclusões lógicas que podem ser extraídas de tais declarações.

É evidente que o sr. Dobbs é absolutamente ignorante no que diz respeito à vida e à obra de John Brown. John Brown era um homem afeito à violência; ele teria desprezado qualquer tentativa de fazer dele alguma outra coisa.[20] Pois uma vez que a pessoa acredite na violência, para ela, a única questão é sobre a forma mais eficaz de aplicá-la, o que só pode ser determinado a partir do conhecimento das condições e dos meios à sua disposição. John Brown não se esquivou dos métodos conspiratórios.

---

19. A passagem foi retirada do texto de Frank Bohn, "A trajetória dos McNamaras" [*The Passing of McNamaras*], publicado na *International Socialist Review* em janeiro de 1912.
20. John Brown ficou conhecido como o homem que precipitou a Guerra da Rebelião, como, inicialmente, era chamada a Guerra Civil Americana. Apesar de branco, pobre e patriarca de uma família numerosa, Brown liderou várias rebeliões e ataques, fosse para a libertação de escravos ou para a retaliação de colonos pró-escravidão. Muitas das suas iniciativas foram financiadas pelo filantropo abolicionista, mencionado anteriormente, Gerrit Smith, além de outros ilustres. A música "John Brown's Body", composta em sua homenagem, virou hino entre os soldados do Exército da União.

Aqueles que leram a autobiografia de Frederick Douglass[21] e as *Reminiscências* de Lucy Colman,[22] lembrarão que um dos planos elaborados por John Brown foi o de organizar uma cadeia de acampamentos armados nas montanhas da Virgínia Ocidental, da Carolina do Norte e do Tennessee, enviar emissários secretos para se infiltrar entre os escravos incitando-os a fugir para esses acampamentos, e de lá orquestrar as ações, na medida em que o tempo e as condições permitissem, para, subsequentemente, fomentar uma revolta encorajadora entre os negros. Que este plano tenha falhado deveu-se, mais do que qualquer coisa, à debilidade do desejo de liberdade dos próprios escravos.

Mais tarde, quando os políticos em sua infinita desonestidade planejaram uma nova proposta de *como não fazer*, conhecida como Lei Kansas-Nebraska, que deixou a questão da escravidão a cargo dos colonos [*settler*], ativistas diretos de ambos os lados começaram a enviar colonos falsos para o território que logo começaram a lutar entre si.[23] Os homens pró-escravidão, que chegaram primeiro, elaboraram uma constituição na qual não só a escravidão era reconhecida, como também uma lei que penalizava com a morte qualquer pessoa que ajudasse um escravo

---

21. Frederick Douglass é um símbolo americano da luta contra a escravidão. A sua trajetória verdadeiramente notável é a de um homem que ascendeu das condições mais degradantes da escravização para os altos círculos políticos e intelectuais. Ao longo da sua vida, publicou três autobiografias, sendo a primeira, e mais reconhecida das três, a intitulada *Narrativa da vida de Frederick Douglass, um escravo americano, escrita por ele mesmo*, de 1845, a qual lhe rendeu uma série de palestras na Europa, inclusive na época em que se encontrava legalmente sob a condição de escravo foragido. Provavelmente, de Cleyre está se referindo à terceira e última dessas autobiografias *A vida e os tempos de Frederick Douglass*, de 1881, na qual Douglass se refere ao episódio aqui descrito.
22. Lucy Colman foi uma livre-pensadora, sufragista, educadora e abolicionista. A autobiografia aqui mencionada foi publicada em 1891.
23. Conforme sugerido aqui por de Cleyre, a Lei Kansas-Nebraska, promulgada em 1854, permitia a soberania popular na questão da legalidade ou não da escravidão nesses dois novos territórios. O resultado foi uma série de revoltas, entre os anos de 1855 e 1859, que ficaram conhecidas como "Kansas sangrento", evento percussor da Guerra Civil.

a escapar; não obstante, os membros do Partido do Solo Livre,[24] que demoraram um pouco mais de tempo para chegar, já que, em geral, vinham de Estados mais distantes, elaboraram uma segunda constituição e se recusaram completamente a reconhecer as leis da outra parte. E John Brown estava lá, misturado a toda violência, fosse conspiratória ou aberta; ele era "um ladrão de cavalos e um assassino" aos olhos dos ativistas políticos decentes e pacíficos. E não há dúvidas de que ele roubou cavalos, sem enviar nenhum aviso prévio da sua intenção de roubá-los, e de que matou homens pró-escravidão. Ele atacou e fugiu um bom número de vezes antes do seu último atentado em Harpers Ferry. Se ele não usou dinamite, foi porque a dinamite ainda não havia sido vista como uma arma. Ele atentou contra a vida muitas vezes mais do que os dois irmãos que o secretário Dobbs tanto condena pelo uso de "métodos assassinos". E no entanto, a história não falhou em compreender John Brown. A humanidade sabe que embora ele fosse um homem violento, com sangue humano nas mãos, culpado por alta traição e enforcado por isso, a sua alma era grande, forte e altruísta, incapaz de suportar o crime hediondo de reduzir quatro milhões de pessoas à condição de besta de carga, e que julgava fazer guerra contra isso algo sagrado, um dever imposto por Deus (pois John Brown era um homem muito religioso — um presbiteriano).

É através e por causa das ações diretas dos precursores das mudanças sociais, sejam eles de natureza pacífica ou belicosa, que a Consciência Humana, a consciência da massa, desperta para a necessidade de mudança. Seria estúpido dizer que ne-

---

24. No original, *Free Soilers*. O Partido do Solo Livre foi fundado em 1848, a partir de uma ruptura com o Partido da Liberdade que tinha em Gerrit Smith o seu principal expoente. O Partido da Liberdade manteve como pauta central a abolição da escravidão em todo o solo estadunidense, ao passo que os membros do Partido do Solo Livre, mais moderados, concentraram os seus esforços em separar o governo central da escravização e evitar que esta fosse estendida aos novos territórios do México, então recentemente incorporados ao Estados Unidos.

nhum bom resultado pode ser obtido por meio da ação política; eventualmente, coisas boas podem de fato ser obtidas por esse caminho. Mas nunca antes que a revolta individual, seguida pela rebelião em massa, tenham forçado esse caminho. Ação direta é sempre o clamor, o início, por meio do qual uma quantidade considerável de indiferentistas finalmente percebe que a opressão se tornou insuportável.

Temos agora a opressão sobre o país — e não apenas no que diz respeito a este país, mas a todas as partes do mundo que gozam das conflitantes bênçãos da Civilização. E tal como no caso da escravidão no seu sentido tradicional, essa forma moderna de escravidão está engendrando tanto a ação direta, quanto a ação política. Certa porcentagem da nossa população (provavelmente uma porcentagem muito menor do que os políticos têm o hábito de admitir em reuniões de massa) produz a riqueza material a partir da qual todos nós vivemos; assim como era o caso dos quatro milhões de escravos negros que sustentavam toda uma multidão de parasitas em cima deles. São eles os *trabalhadores da terra* e os *trabalhadores industriais*.

Através do funcionamento não profetizado e não profetizável das instituições que nenhum de nós criou, mas com cuja existência simplesmente se deparou quando chegou por aqui; esses trabalhadores, a parte mais absolutamente necessária de toda estrutura social, sem os serviços dos quais ninguém pode comer, ou se vestir, ou se abrigar, são justamente aqueles que menos têm o que comer, o que vestir e que dispõem das piores condições de moradia — para não falar da parte que lhes cabe nas outras garantias sociais que o resto de nós tem a responsabilidade de fornecer, como a educação e a gratificação artística.

Esses trabalhadores, de uma forma ou de outra, uniram as suas forças para ver quais melhorias nas suas condições de vida eles poderiam conseguir; principalmente, pela ação direta, secundariamente pela ação política. Tivemos organizações como: *Grange, Farmer's Alliance, Co-operative Associations, Colonization Experiments, Knights of Labor,* sindicatos e *Industrial*

Workers of the World. Todos elas foram organizadas com o propósito de arrancar dos senhores do campo econômico salários um pouco melhores, condições um pouco melhores, horas um pouco mais curtas; ou, de outro lado, para resistir a uma redução nos salários, a condições ainda piores, ou a horas ainda mais longas. Nenhum deles arriscou uma solução final para a guerra social. Nenhum deles, exceto os trabalhadores industriais, sequer reconheceu que há uma guerra social, inevitável enquanto as presentes condições jurídico-sociais perdurarem. Eles simplesmente aceitaram as instituições da propriedade tal qual as encontraram. Tratava-se de grupos constituídos de homens comuns, com desejos comuns, que se comprometeram em fazer o que lhes pareceu possível e suficientemente razoável. Quando se organizaram, não estavam comprometidos com nenhuma diretriz política particular, associaram-se através da ação direta a que deram início, fosse positiva ou defensiva.

Sem dúvida, havia e há em todas essas organizações, membros que olharam para além das demandas imediatas; que de fato viram que o contínuo desenvolvimento das forças agora em operação estava fadado a dar lugar a condições sob as quais é impossível que a vida possa continuar a ser submetida, e contra as quais, portanto, a própria vida protestará e protestará violentamente; posto que não terá outra escolha a não ser a de fazê-lo; que se verá na obrigação de fazê-lo ou morrerá mansamente; e uma vez que é não é da natureza da vida se render sem lutar, não se morrerá mansamente. Vinte e dois anos atrás eu conheci membros da *Farmer's Alliance* que me disseram isso, membros do *Knights of Labor* que disseram isso, sindicalistas que também me disseram isso. Eles almejavam objetivos muito maiores do que aqueles que suas organizações estavam buscando; mas tiveram que aceitar os seus companheiros tal qual eram e empenharam-se em incitá-los a trabalhar em prol das coisas que eram possíveis de ser vistas por eles. E o que eles podiam ver eram melhores preços, melhores salários, condições menos perigosas e tirânicas, menos horas de trabalho. No estágio de desenvolvimento em que esses movimentos tiveram início, os trabalhadores da terra simplesmente não podiam enxergar que a sua luta estava relacionada com a luta daqueles que estão empregados nas fábricas ou no serviço de transporte; como tampouco esses últimos puderam ver que a sua luta estava relacionada com o movimento dos trabalhadores da terra. Para falar a verdade, pouquíssimos deles são capazes de enxergar isso, mesmo agora. Ainda precisam aprender que existe uma luta comum contra aqueles que se apropriaram da terra, do dinheiro e das máquinas.

Infelizmente, as grandes organizações de agricultores se dissiparam numa busca estúpida por poder político. Em certos Estados, tiveram bastante sucesso em chegar ao poder; mas os tribunais declararam as suas leis inconstitucionais e enterram todas as suas conquistas políticas. Seu programa original incluía construir os próprios elevadores de grãos, e armazenar os produtos neles, não deixar os produtos chegarem ao mercado até que pudessem escapar da especulação. Além disso, também incluía a organização de trocas de trabalho, com emissão de notas de crédito para produtos depositados com o fim da troca. Tivessem aderido a esse programa de ajuda mútua e direta, teriam oferecido, em certa medida, ao menos por um tempo, uma ilustração de como a humanidade pode vir a se libertar do parasitismo dos banqueiros e dos intermediários. Claro que, no final, um programa como esse seria derrubado, exceto se tivesse revolucionado as mentes dos homens, através do exemplo, a ponto de forçar a derrubada do monopólio legal da terra e do dinheiro; mas, pelo menos, teria servido a um grande propósito educacional. Do jeito que a coisa se deu, perdeu o foco e, com isso, se desintegrou unicamente por causa da sua futilidade.

Os *Knights of Labor* caíram em relativa insignificância, não porque tenham falhado em se valer da ação direta, ou tampouco por conta do seu envolvimento com a política, que foi pouco, mas sim, principalmente, porque eram formados por uma massa heterogênea de trabalhadores que simplesmente não conseguiu associar os seus esforços de maneira efetiva.[25]

Os sindicatos se fortaleceram à medida que a organização *Knights of Labor* diminuiu em importância; e continuaram, lenta mas persistentemente, crescendo em poder. É verdade que esse crescimento tem oscilado; que houve contratempos; que grandes organizações foram formadas e novamente se diluíram. Mas, no geral, os sindicatos vêm crescendo em poder. E têm crescido, porque, pobres como são, tornaram-se o meio através do qual uma certa seção dos trabalhadores consegue unir a sua força de modo a pressionar diretamente os seus senhores e, com isso, garantir ao menos uma parte do que reivindicam — do que as suas condições lhes ditam a tentar conseguir. A greve é sua arma natural; arma que eles mesmos forjaram. É o golpe direto desferido pela greve, o que, em noventa por cento das vezes, o patrão efetivamente teme (não obstante, obviamente, haja aquelas ocasiões em que o patrão se entusiasma pela greve, mas, de todo modo, é incomum). E a razão pela qual ele teme a greve não é tanto porque pense não poder vencê-la, mas simples e unicamente porque não quer uma interrupção nos seus negócios. Um patrão ordinário, em geral, não tem todo esse pavor do *voto de classe consciente*; há oficinas e fábricas onde o trabalhador pode falar sobre socialismo ou qualquer outro programa político, em qualquer momento do dia; mas se começar a falar sobre sindicalismo pode esperar ser dispensado imediatamente ou, na melhor das hipóteses, receber uma advertência para que cale a boca. Por quê? Não porque o patrão seja sábio a ponto de saber que a ação política é um pântano em que o trabalhador fica atolado,

---

25. *Knights of Labor* [Cavaleiros do trabalho], fundada em 1869, foi a primeira grande organização de trabalhadores dos EUA. Dentre outros aspectos, destacaram-se pelo caráter progressista ao aceitarem como membros tanto trabalhadores não qualificados, quanto negros, imigrantes e mulheres. Estima-se que chegaram a ter mais de 700.000 filiados. Não obstante, com a tragédia ocorrida em Haymarket, em 1886, por estarem à frente do movimento, entraram paulatinamente em declínio.

ou porque ele julgue que o socialismo político está rapidamente se tornando um movimento de classe média; de modo algum. Em geral, ele acredita que o socialismo é uma coisa muito ruim; mas que está tão distante! Por outro lado, ele sabe que se seu estabelecimento for sindicalizado, ele terá problemas imediatamente. Suas mãos se tornarão rebeldes, ele se verá obrigado a gastar para melhorar as condições de sua fábrica, terá de manter trabalhadores que não gosta, e, em caso de greve, pode acontecer de suas máquinas ou instalações serem avariadas.

Costuma-se dizer, e repetir maquinalmente, que patrões têm *consciência de classe*, que se mantêm unidos através do interesse de classe e que, portanto, estariam dispostos a sofrer qualquer tipo de perda pessoal ao invés de trair esses interesses. De modo algum é esse o caso. A maioria dos empresários é exatamente igual à maioria dos trabalhadores; eles se preocupam muito mais com a sua perda ou ganho individual do que com o ganho ou perda da sua classe. É a perda individual o que o patrão teme, quando se vê ameaçado por um sindicato.

Agora, todo mundo já sabe que uma greve, independentemente do tamanho, significa violência. Não importa que a preferência ética da pessoa seja pela paz, ela sabe que a greve não será pacífica. Se for uma greve dos telégrafos, significa cortar fios e quebrar postes, e recrutar falsos "fura-greves" para danificar as máquinas. Se for uma greve do setor de fabricação de lâminas de aço, significa dar uma surra nos "fura-greves", quebrar janelas, ajustar os medidores errado, e danificar os rolos compressores caríssimos, juntamente com toneladas e toneladas de material. Se for uma greve dos mineiros, significa destruir trilhos e pontes, e explodir usinas. Se for uma greve dos trabalhadores de confecções de roupas, significa forjar algum fogo inexplicável, que alguma saraivada de pedras vai atravessar uma janela até então inacessível e, possivelmente, até forjar um pedaço de tijolo na cabeça do próprio empregador. E se é uma greve dos trabalhadores dos bondes, significa que trilhos serão arrancados ou que serão formadas barricadas com o conteúdo dos carrinhos de dejetos e de lixo, com carroças reviradas e cercas roubadas, significa que bondes serão destruídos e incinerados e girados para a direção errada. Se for uma greve dos trabalhadores ferroviários, significa engrenagens "mortas", locomotivas fora de controle, cargas descarriladas, e trens enguiçados. Se for uma greve dos trabalhadores da construção civil, significa estruturas dinamitadas. E sempre, em todo lugar, a todo tempo, pode-se testemunhar as lutas dos "fura-greves"[26] contra os grevistas e simpatizantes da greve, entre o Povo e a Polícia.

Do lado dos patrões, significa holofotes, fios elétricos, paliçadas, celas provisórias, detetives e agentes provocadores, sequestros violentos e deportações, e todos os dispositivos que são capazes conceber para a sua proteção direta, além, obviamente, da convocação da polícia, milícia, força policial estatal e tropas federais.

Todo mundo sabe disso; todo mundo ri quando os dirigentes sindicais asseveram que as suas organizações são pacíficas e cumpridoras da lei, porque todo mundo sabe que eles estão mentindo. Eles sabem que a violência é usada, tanto secreta quanto abertamente; e eles sabem que é usada porque os grevistas não podem optar por qualquer outro caminho, sem que tenham de desistir da luta de uma vez por todas. Tampouco confundem aqueles que, sob pressão, têm de recorrer à violência com canalhas nefastos que fazem o que fazem por conta de alguma perversidade inata. As pessoas, em geral, compreendem que eles fazem por conta da lógica cruel de uma situação que não criaram, mas que os força a esses ataques de modo a lutar pela própria vida, já que a outra opção é descer a ladeira sem fim da pobreza, onde a Morte os encontrará nos hospitais para pobres, nas calçadas

---

26. No original, de Cleyre utiliza dois termos para se referir ao que aqui se optou por traduzir unicamente com o termo "fura-greve". A saber: *strike-breakers* e *scabs*. Embora ambos os termos designem os "fura-greves", o primeiro indica, em geral, trabalhadores que foram contra a decisão da sua categoria de entrar em greve e decidiram, independentemente do motivo, continuar trabalhando; já o segundo, *scabs*, denotaria trabalhadores contratados após o início da greve, justamente para substituir os grevistas.

da cidade ou no lodo do rio. Esta é a escolha terrível que todos os trabalhadores têm de enfrentar; e é isso o que faz com que os seres humanos mais bondosos — homens que se predisporiam a ajudar um cachorro ferido, a levar para casa um gatinho perdido e alimentá-lo, ou até mesmo a desviar os passos para, assim, evitar pisar em cima de uma lagarta — recorram ao uso de violência contra seus os semelhantes. Eles sabem, porque os fatos lhes ensinaram, que essa é a única maneira de vencer, se é que realmente podem vencer. E sempre me pareceu que uma das coisas mais completamente absurdas e irrelevantes que uma pessoa pode fazer ou dizer quando abordada por um grevista que está envolvido com aquela situação imediata, é responder com um "vote e eleja a si a mesmo!", quando a próxima eleição só ocorrerá em seis meses, um ano, ou até dois — como se isso fosse capaz garantir algum alívio ou assistência.

Infelizmente, as pessoas que melhor sabem como a violência é usada numa guerra sindical não podem vir a público e dizer: "No dia tal, em tal local, tais e tais ações específicas foram realizadas, e como resultado tais e tais concessões foram feitas e tais e tais empresários cederam". Fazer isso seria colocar em perigo a própria liberdade e a possibilidade de seguir lutando. Portanto, aqueles que mais conhecem são obrigados a manter o silêncio e se esconder, ao passo que os que menos sabem são os que mais matraqueiam. São eventos, e não línguas, que marcam claramente a própria posição.

E, nestas últimas semanas, muita gente matraqueou. Palestrantes e escritores, honestamente convencidos, creio eu, de que somente através da ação política se poderá vencer a luta dos trabalhadores, estão denunciando o que lhes deu na telha chamar de *ação direta* (quando, na realidade, estão falando de violência conspiratória), como causa de malfeitos incalculáveis. Um tal de Oscar Ameringer, por exemplo, disse recentemente num encontro em Chicago que a bomba de Haymarket, em 1886, havia atrasado o movimento pelas oito horas de trabalho em vinte e cinco anos, argumentou que o movimento teria tido sucesso se não fosse pela bomba. Isso é um grande erro. Ninguém pode medir exatamente, em anos ou meses, o efeito gerado por um impulso agressivo de ruptura ou por uma reação. Ninguém pode demonstrar que o movimento pelas oito horas poderia ter sido vitorioso há vinte e cinco anos. Sabemos que a jornada de oito horas foi colocada nos livros de estatuto de Illinois em 1871 através de uma ação política, e que desde o nascedouro permaneceu letra morta. Que a ação direta dos trabalhadores poderia ter vencido isso, é algo que simplesmente não pode ser provado; mas pode ser demonstrado que fatores muitos mais potentes do que a bomba de Haymarket trabalharam contra o movimento. Por outro lado, se a reação gerada pela bomba foi realmente tão poderosa, é de se esperar que as condições trabalhistas e sindicais sejam piores em Chicago do que nas cidades onde esse tipo de coisa não aconteceu. Ao contrário, por pior que sejam, as condições gerais de trabalho são melhores em Chicago do que na maioria das outras cidades grandes, e o poder dos sindicatos é mais forte lá do que em qualquer outra cidade americana, com exceção de São Francisco. Portanto, se for para concluir alguma coisa do episódio da bomba em Haymarket, mantenhamos esses fatos em mente. Pessoalmente, eu não acho que a sua influência sobre o movimento operário, enquanto tal, tenha sido muito grande.

O mesmo acontecerá com o atual furor contra a violência. Nada de fundamental está sendo alterado. Dois homens foram presos pelo que fizeram (vinte e quatro anos atrás seriam enforcados pelo que não fizeram); alguns poucos mais podem ainda ser presos. Mas as forças da vida continuarão a se revoltar contra as correntes econômicas. Até que essas correntes sejam quebradas, não haverá cessação nessa revolta, não importa em qual chapa os homens votem ou deixem de votar.

Como as correntes serão quebradas?

Os ativistas políticos nos dizem que isso só ocorrerá por meio da atuação do partido da classe trabalhadora nas urnas; quando a classe trabalhadora eleger a si mesma para a posse das fontes da vida e ferramentas; quando votar para que aqueles que, atualmente, comandam as florestas, as minas, os ranchos, os cursos da água, os moinhos e as fábricas, e que igualmente comandam o poder militar exclusivamente para a sua defesa, entreguem o seu domínio ao povo.

E enquanto isso?

Enquanto isso, cabe ser pacífico, trabalhador, obediente à lei, paciente e parcimonioso para com os gastos (tal como Madero aconselhou aos peões mexicanos, após vendê-los para Wall Street)![27] Mesmo que alguns de vocês se encontrem privados do direito ao voto, não se rebelem nem mesmo contra isso, pois tal atitude pode "atrasar o partido".

Ora, eu já afirmei que, eventualmente, um bem pode ser alcançado mediante a ação política — o que não se restringe às ações do partido da classe trabalhadora. A questão é que estou plenamente convencida de que esse bem ocasionalmente atingido é sempre mais do que contrabalanceado pelo mal; assim como estou convencida de que, embora haja ocasionalmente males resultantes da ação direta, eles são, por sua vez, mais do que contrabalançados pelo bem que também geram.

Quase todas as leis que foram, originalmente, elaboradas com a intenção de beneficiar os trabalhadores, ou se transformaram em armas nas mãos dos seus inimigos, ou se tornam letras mortas até que os trabalhadores, através das suas organizações, exigissem o seu cumprimento. Então, ao final, é na ação direta que se deve confiar independentemente de qualquer coisa. Como exemplo de lei que supostamente deveria beneficiar as pessoas, em geral, e a classe trabalhadora, em particular, mas cuja aplicação se mostrou prejudicial ao trabalhador, basta pensar na lei antitruste [*Anti-Trust Law*], que, cerca de duas semanas após a

---

27. Embora seja considerado o pai da Revolução Mexicana, Francisco I. Madero decepcionou os camaradas revolucionários quando, em 1911, assumiu a presidência, dada a sua atuação relativamente moderada aqui referida por de Cleyre. Madero foi assassinado pelas forças reacionárias em 1913, ainda durante o mandato, o que levou a um agravamento dos conflitos que marcaram a Revolução Mexicana.

sua promulgação, algo em torno de 250 líderes sindicais foram citados para responder à acusação de formação de trustes — uma resposta da Central de Illinois aos seus grevistas.[28]

Mas o mal de se depositar a fé na ação indireta é muito maior do que qualquer um desses resultados relativamente menores. O seu maior mal é destruir a iniciativa, é extinguir o espírito da rebeldia individual, é ensinar às pessoas a dependerem de outras para fazer por elas o que deveriam fazer por si mesmas; e sobretudo: é tornar orgânica a ideia anômala de que, ao se amontoar a passividade até que a maioria seja atingida, então, por meio de uma magia peculiar à maioria, essa passividade será transformada em energia. Ou seja, pessoas que perderam o hábito de lutar por si mesmas como indivíduos, que se submeteram a todas as injustiças enquanto esperavam que a maioria crescesse, irão subitamente se metamorfosear em humanos altamente explosivos através de um simples processo de amontoamento!

Eu concordo plenamente que as fontes da vida, todas as riquezas naturais da terra, e as ferramentas necessárias para uma produção cooperativa devam se tornar livres e acessíveis a todos. Tenho certeza de que ou o sindicalismo ampliará e aprofundará os seus propósitos, ou irá sucumbir; e também estou certa de que a lógica da situação, gradualmente, irá forçá-los a enxergar isso. Eles têm de aprender que espancar fura-greves nunca resolverá o problema dos trabalhadores, até porque a sua própria política de limitar a adesão através de taxas altíssimas de inscrição e outras restrições ajuda a criar os fura-greves. Eles têm de aprender que o curso de crescimento não está em maiores salários, mas em menos horas, o que lhes permitirá aumentar a filiação, admitir todos os que desejem entrar no sindicato. Eles

---

28. Aqui de Cleyre está se referindo à Lei Sherman Antitruste [*Sherman Antitrust Act*] de 1890. Embora o objetivo da lei fosse o de impedir a formação de monopólios comerciais de modo a assegurar a livre concorrência, alguns líderes de sindicatos, especialmente dos ferroviários, foram enquadrados nessa lei sob a interpretação de que as suas atividades, em especial a organização e fomento de greves, restringiam o comércio interestadual.

têm de aprender que se quiserem vencer as batalhas, todos os trabalhadores associados devem agir juntos, agir rapidamente (sem avisar aos patrões) e preservar a liberdade de fazer isso sempre. E, finalmente, eles devem aprender que mesmo então (quando dispuserem de uma organização completa), não irão ganhar absolutamente nada de permanente a menos que façam greve pelo todo — não por salários, não por melhorias insignificantes, mas para reivindicar toda a riqueza natural da terra. E, assim, proceder rumo à expropriação direta de tudo!

Eles têm de aprender que o seu poder não reside na força do voto, mas, sim, na sua capacidade de interromper a produção. É um grande erro supor que os trabalhadores horistas [*wage-earners*] constituam a maioria dos eleitores. Os trabalhadores horistas estão hoje aqui e amanhã acolá, e isso impede um número considerável de votar; além disso, neste país, uma grande porcentagem dos trabalhadores é composta por estrangeiros, que não dispõem do direito ao voto. A prova mais patente de que os líderes socialistas sabem disso, é que eles estão comprometendo cada detalhe da sua propaganda de modo a angariar o apoio da classe empresarial, do pequeno investidor. Seu material de campanha declara que os seus entrevistadores foram assegurados pelos compradores de títulos de Wall Street, que, do seu lado, estariam igualmente dispostos a comprar os títulos de Los Angeles fosse de uma administração socialista ou capitalista; e que a atual administração de Milwaukee foi uma bênção para o pequeno investidor; seus periódicos asseguram aos leitores que, nesta cidade, não é preciso ir às grande lojas de departamentos para comprar — ao invés disso, pode-se comprar com fulano e sicrano na Avenida Milwaukee, que nos satisfaremos tanto quanto numa instituição do "grande capital". Em suma, eles estão empreendendo, desesperadamente, todos os esforços para ganhar o apoio e prolongar a vida daquela classe média que a economia socialista diz que deve ser reduzida a cacos, porque eles sabem que não podem chegar à maioria sem ela.

O máximo que um partido da classe trabalhadora pode fazer, mesmo que seus políticos se mantenham honestos, é formar uma facção forte na câmera do poder legislativo capaz de, ao combinar o seu voto ora com um lado, ora com o outro, obter certos paliativos políticos e econômicos.

Já no que diz respeito ao que a classe trabalhadora pode fazer, uma vez que tenha se desenvolvido numa organização sólida, é mostrar à classe possuidora, através de uma cessação repentina de todo o seu trabalho, que a estrutura social como um todo repousa sobre ela; que as propriedades são absolutamente inúteis sem a atividade dos trabalhadores; que os protestos, as greves são inerentes ao sistema de propriedade e que ocorrerão continuamente até que a coisa toda seja abolida e tendo demonstrado isso com efetividade, que avancem sobre a expropriação.

"Mas há o poder militar", diz o ativista político; "Devemos garantir o poder político, ou as forças armadas serão usadas contra nós!"

Contra uma verdadeira greve geral, as forças armadas nada podem fazer. Ah, mas é verdade, que se você tem um Briand socialista no poder, ele pode nomear os trabalhadores "autoridades públicas" e fazê-los servir contra si próprios![29] Mas contra a parede sólida de uma massa imóvel de trabalhadores, até mesmo um Briand seria derrotado.

---

29. Aristide Briand era então, na época, o Primeiro Ministro da França. Embora durante vinte anos tivesse sido um ativista radical e defensor ardoroso da greve geral (organizada e sem recurso à violência), em 1909, Briand foi expulso do Partido Socialista Francês, quando, na condição de deputado pelo partido, se recusou a romper com o governo burguês. Nesse seu primeiro mandato como Primeiro Ministro, Briand se destacou pela atitude contrária às crenças até então professadas quando interrompeu uma greve dos ferroviários, em 1910, através da convocação dos que estavam ainda sujeitos ao serviço militar obrigatório. Embora de Cleyre não tenha vivido o suficiente para testemunhar, em 1926, Briand, na condição de Ministro das Relações Exteriores da França, compartilhou o prêmio Nobel da Paz com o então Ministro das Relações Exteriores da Alemanha, Gustav Stresemann, pelo acordo selado entre os dois países após a Primeira Guerra, nos Tratados de Locarno.

Enquanto isso, até esse despertar internacional, a guerra perdurará tal como tem perdurado, a despeito de toda histeria que pessoas bem-intencionadas — mas que pouco entendem da vida e de suas necessidades — manifestem; a despeito de todos os tremores que líderes fracos e assustados causem; a despeito de toda vingança reacionária que seja empreendida; a despeito de todo o capital que os políticos ganhem com essa situação. Vai perdurar porque a Vida clama por viver e a Propriedade nega a sua liberdade de viver; e a Vida não se submeterá.

E não deve se submeter.

Perdurará até o dia em que uma Humanidade autoliberta possa finalmente cantar o *Hino ao Homem* de Swinburne:

> Glória ao Homem nas alturas,
> Pois o homem é o mestre das Coisas.

Posfácio
Voltairine de Cleyre por Emma Goldman[1]

EMMA GOLDMAN

> Eleve bem ao alto, ó chama crepitante!
> Alto em direção ao céu, onde todos possamos ver.
> Escravos do mundo! nossa causa é a mesma;
> Uma é a vergonha imemorial;
> Uma é a luta e em Um único nome —
> *Humanidade* — lutamos para libertar os seres humanos[2]
> VOLTAIRINE DE CLEYRE

A primeira vez que a vi — ela que é a mulher anarquista mais talentosa e brilhante que a América já produziu — foi na Filadélfia, em agosto de 1893. Fui àquela cidade para discursar para os desempregados durante a grande crise daquele ano, e estava ansiosa para conhecer Voltairine, cuja habilidade excepcional como conferencista chegou aos meus ouvidos quando estava em Nova York.

---

1. Texto publicado privadamente em 1932, com apenas duzentas cópias, pela pequena editora do anarquista de origem romena Joseph Ishill, a *The Oriole Press*, localizada em Berkeley Heights, Nova Jersey.
2. Parte da última estrofe do último poema escrito por de Cleyre, intitulado "Escrito em vermelho", dedicado aos rebeldes assassinados na Revolução Mexicana.

Encontrei-a doente, na cama, com a cabeça coberta de gelo, e o rosto transfigurado pela dor. Soube que esta condição acometia Voltairine sempre depois das suas aparições públicas: ela ficava acamada por dias, em constante agonia por conta de alguma doença no sistema nervoso que desenvolveu na primeira infância e que foi piorando ao longo dos anos. Não demorei muito nessa primeira visita, dado o evidente sofrimento da minha anfitriã, muito embora ela, bravamente, tentasse esconder de mim a sua dor. Mas o destino prega peças estranhas. Na noite do mesmo dia, Voltairine de Cleyre foi convidada a arrastar o seu corpo frágil e doente até um salão superlotado e abafado, para discursar no meu lugar. A pedido das autoridades de Nova York, os protetores da lei e da desordem na Filadélfia me capturaram quando estava prestes a entrar no salão de conferências e me escoltaram até delegacia de polícia da Cidade do Amor Fraternal.[3]

A segunda vez que vi Voltairine foi na Penitenciária da Ilha de Blackwell. Ela estava em Nova York para proferir a conferência magistral, "Em defesa de Emma Goldman e da liberdade de expressão",[4] e foi me visitar na prisão. Daquela época até a

---

3. Apelido da cidade da Filadélfia, baseado na sua etimologia. Oriunda do grego, a palavra *Filadélfia* forma-se pela junção de *filos* e *adelphos*, o que significa literalmente "amor de irmãos", "amor fraternal".

4. O título correto dessa conferência é "Em defesa de Emma Goldman e do direito de expropriação" [*In Defense of Emma Goldman and the Right of Expropriation*] e foi proferida, pela primeira vez, quatro meses depois do fatídico dia em que ambas as anarquistas se conheceram, precisamente em 16 de dezembro de 1893, na cidade de Nova York, onde, depois da conferência, de Cleyre, conforme aqui mencionado, foi visitar Goldman na prisão então localizada na Ilha de Blackwell (renomeada em 1973 de [Franklin] Roosevelt Island). Da detenção na Filadélfia, Goldman foi remanejada para Nova York, o que culminou com o seu julgamento e condenação a um ano de prisão pelo crime de incitação à rebelião dos trabalhadores. Dias antes de ir para Filadélfia, e finalmente conhecer "a mulher mais talentosa e brilhante que a América já produziu", Goldman havia discursado na Union Square, em Nova York, para um público de aproximadamente 3000 pessoas acerca da depressão econômica que estourara naquele ano, marcada pela falência de milhares de negócios e pela taxa de desemprego de até 25%, deixando esfomeados centenas de trabalhado-

sua morte, nossas vidas e trabalhos se viram frequentemente associados, em geral, de modo harmonioso, às vezes, a seguir caminhos distintos; seja como for, Voltairine sempre se sobressaiu, aos meus olhos, como uma personalidade poderosa, como uma mente brilhante, idealista fervorosa, lutadora inabalável e camarada dedicada e leal. Mas a sua característica mais forte era a capacidade extraordinária de se impor sobre a debilidade física característica que lhe rendeu o respeito de seus inimigos e o amor e admiração dos seus amigos. Uma chave para compreender esse poder num corpo tão frágil pode ser encontrada no ensaio iluminador de Voltairine, intitulado *A ideia dominante*.[5]

"Em tudo o que vive", escreve no ensaio,

caso se olhe com atenção, está projetada a linha de sombra de uma ideia[6] — uma ideia que pode estar viva ou morta, e ser às vezes mais forte quando morta, quando suas linhas rígidas e irredutíveis delineiam

---

res e suas famílias sem-tetos. Tal calamidade ficou conhecida como "Pânico de 1893". Note-se que "o direito à expropriação", ao qual de Cleyre fez alusão já no título da sua conferência, era justamente o tema do discurso de Goldman, impedido pelo mandado de prisão expedido pelo Estado de Nova York.
5. Nesse ensaio apaixonado, de Cleyre enfatiza a livre escolha individual do ideal que animará cada vida. Segundo defende, temos a liberdade de recusar a dominação da *ideia dominante* de nossa época, assim como o fizeram todas as "almas agitadas, ativas e rebeldes" ao longo das eras. Segundo identifica, a *ideia dominante* de seu tempo diria respeito à produção, "impiedosa e exagerada", de coisas e mais coisas que, "na melhor das hipóteses, são apenas desnecessárias". Entre outros aspectos, com essa noção a anarquista estadunidense buscou refutar a "doutrina do determinismo materialista", segundo a qual as circunstâncias, ou o meio, seriam responsáveis pelas ações humanas. Para ela, quando animados por uma outra *ideia dominante* que não a de nossa época, tornamo-nos capazes tanto de criar como de destruir circunstâncias. Por meio do "fogo imortal da vontade individual", é possível "escolher a liberdade e o orgulho e a força da alma individual e a livre fraternização entre os homens como o propósito que se fará manifesto pela própria vida". Na presente homenagem a de Cleyre, Goldman fará diversas referências a essa noção com o intuito de demonstrar como de Cleyre encarnou em sua vida a *ideia dominante* que a sua vontade elegeu e como, em contrapartida, foi essa *ideia* que animou com força estrondosa um corpo tão debilitado e sofredor quanto o seu.
6. "Linha de sombra" é o termo técnico utilizado para designar a sombra feita pelo gnômon de um relógio solar, que indica a hora. Ao que parece, aqui de

a vida encarnada com o molde severo e imóvel dos não vivos. Diariamente nos movemos em meio a essas sombras inflexíveis, menos penetráveis e mais duradouras do que o granito, com a escuridão das eras em si, a dominar os corpos vivos e mutáveis com almas mortas e imutáveis. E encontramos também almas vivas que dominam corpos agonizantes — ideias vivas que reinam sobre a decadência e a morte. Não pensem que me refiro apenas à vida humana. A marca da Vontade, persistente ou volúvel, é visível tanto na folha de grama enraizada em seu torrão de terra, quanto na tênue teia do ser que flutua e boia para muito além das nossas cabeças, no mundo livre do ar.

Como ilustração da persistência da Vontade, Voltairine conta a história das trepadeiras de glória-da-manhã que se entrelaçavam sobre a janela de seu quarto e

> todos os dias, voavam e se encrespavam ao vento, com suas faces brancas listradas de roxo a cintilar sob o sol, radiantes com a vida de escaladas. Até que, de uma só vez, um infortúnio aconteceu: alguma lagarta-desfolhadora ou alguma criança travessa quebrou uma das trepadeiras, justo a melhor e mais ambiciosa, é claro. Em poucas horas, as folhas desfaleceram, o caule amoleceu e começou a murchar, em um dia estava morta — exceto o topo, que ainda se agarrava cheio de desejo ao suporte, com a cabeça colorida em pé. Chorei um pouco pelos botões que nunca se abririam e tive pena daquela trepadeira orgulhosa cujo trabalho no mundo estava perdido. Mas na noite do dia seguinte caiu uma tempestade, uma tempestade pesada e intensa, com chuva violenta e relâmpagos ofuscantes. Levantei-me para ver os clarões e eis que! a maravilha do mundo! Na escuridão da meia-noite, na fúria do vento e da chuva, a trepadeira morta floresceu. Cinco flores brancas com cara de lua floresceram com alegria, na trepadeira esquelética, refletindo triunfantes o vermelho dos relâmpagos... E, assim, todo dia, ao longo de três dias, a trepadeira morta floresceu; e mesmo uma semana depois, quando todas as folhas estavam secas e marrons... um último botão, pequeno, fraco desabrochou, e uma florzinha miúda, bem branquinha

> Cleyre estabelece certo diálogo com a teoria das ideias de Platão, segundo a qual tudo aquilo que tomamos por realidade não passa de sombras das ideias eternas. Não obstante, parece que a relação por ela estabelecida entre a sombra e o relógio de sol desloca essa dimensão do *eterno* para a história. Em outras palavras, trata-se de uma metáfora, extremamente rica e sagaz, digna de ser investigada e explorada.

e delicada, com cinco manchas roxas, como as das trepadeiras vivas ao lado dela, abriu-se e acenou para as estrelas, e esperou pelo sol da manhã. Sobre a morte e a decadência, a *ideia dominante* sorriu; a trepadeira estava no mundo para florescer, para dar flores de trombeta brancas, tracejadas de roxo; e realizou a sua vontade para além da morte.

A *ideia dominante* foi o *leitmotiv* da vida extraordinária de Voltairine de Cleyre. Muito embora ela fosse constantemente acometida por problemas de saúde, que mantiveram o seu corpo prisioneiro até finalmente matá-la, a *ideia dominante* energizou Voltairine o suficiente para que empreendesse esforços intelectuais cada vez maiores, elevou-a às inauditas alturas de um ideal elevado — e fortaleceu a sua Vontade até que fosse capaz de vencer todas as desvantagens e obstáculos da sua vida torturada. Nos dias de tormentos físicos excruciantes, nos períodos de desespero e dúvidas espirituais, a *ideia dominante* deu, repetidamente, asas ao espírito dessa mulher — asas para erguer-se acima do imediato e, assim, contemplar uma visão radiante da humanidade e dedicar-se a ela com todo o fervor da sua alma intensa. O sofrimento e miséria que a acompanharam durante toda a vida podem ser vislumbrados nos seus escritos, particularmente em sua perturbadora história, intitulada *As dores do corpo*:

Nunca quis nada mais do que aquilo que as criaturas selvagens naturalmente possuem, uma boa rajada de ar puro, um dia inteiro para, volta e meia, deitar na grama, sem nada para fazer que não fosse passar os dedos sobre as folhas e contemplar, sem qualquer pressa, o imenso arco azul, com telas verdes e brancas no meio; passar um mês flutuando em ondas de sal, no meio da espuma, deixar rolar a minha pele nua sobre uma longa extensão de areia limpa e ensolarada; comida que gosto, direto da terra fresca, e tempo para saborear as suas doçuras e tempo para descansar após a degustação; dormir quando o sono vier, e quietude, para que o sono só me deixe quando realmente for, e não antes... Isto é o que eu sempre quis — isto e uma relação livre com os meus companheiros... não para amar, e mentir, e envergonhar-se, mas, sim, para amar, e dizer *eu amo*, e ficar feliz por isso; para sentir correntes de dez mil anos de paixão a me inundar, no corpo a corpo, onde as coisas selvagens se encontram. Eu não pediria nada mais.

Mas não foi isso o que recebi. Acima de mim encontra-se sentado aquele tirano impiedoso, a Alma; e eu sou nada. Foi ela quem me levou para a cidade, onde o ar é febre e fogo, e me disse "respire isto; — eu aprenderia, mas não posso aprender nos campos vazios; os templos estão aqui — fique". E quando os meus miseráveis pulmões sufocados arquejaram até meu peito parecer que iria explodir, a Alma disse: "Permitir-lhe-ei, então, uma ou duas horas; nós iremos andar, e levarei o meu livro para ler nas pausas".

E quando meus olhos se enchiam de lágrimas de dor pela breve visão da liberdade a me escapar, unicamente porque me havia sido permitido contemplar a imensidão verde e azul por uma hora depois do horror interminável do vermelho entediante das paredes — a Alma dizia: "Não posso perder tempo; tenho de conhecer! Leia". E quando os meus ouvidos imploravam pelo canto dos grilos e a música da noite, a Alma respondia, "Não, gongos e assobios e guinchos são desagradáveis de ouvir; instrua a si mesma a ouvir a voz espiritual, e isso não vai mais importar..."

E quando olhei para os da minha espécie e desejei abraçá-los, ansiando selvagemente pela pressão de outros braços e lábios, a Alma ordenou severamente: "Cessa, vil criatura sedenta de luxúrias carnais! Eterna desonra! Irás envergonhar-me para sempre com a sua bestialidade?"

E eu que sempre sucumbi, muda, infeliz, acorrentada, tenho seguido pelo mundo da escolha da Alma... Agora estou destroçada antes do tempo, anêmica, insone, sem fôlego — meio cega, torturada em cada uma das articulações, tremendo feito vara verde.

Apesar de devastada e aniquilada, com sua vida desprovida da música e da glória do céu e do sol, o seu corpo ergueu-se, em revolta diária, contra o mestre tirânico; foi a alma de Voltairine que venceu — foi a Ideia Dominante que lhe deu forças para seguir até o fim.

Voltairine de Cleyre nasceu no dia 17 de novembro de 1866, na cidade de Leslie, em Michigan. A ascendência dela do lado do pai era franco-americana; da mãe, herdou a linhagem puritana. Suas tendências revolucionárias foram recebidas por herança, tanto da parte do seu avô quanto do seu pai, ambos imbuídos dos ideais da Revolução de 1848. Mas enquanto seu avô permaneceu fiel a essas primeiras influências, já que mesmo em idade avançada seguiu ajudando escravos fugitivos pela ferrovia clandestina,[7] seu pai, Augusto de Cleyre, que começou como um livre-pensador e comunista, tardiamente, ajuntou-se ao rebanho da Igreja Católica, tornando-se um devoto tão apaixonado, quanto, nos seus dias de juventude, havia sido contra essa mesma Igreja. Seu entusiasmo pelo livre-pensamento fora tão grande que, quando sua filha nasceu, resolveu nomeá-la Voltairine, em homenagem ao venerado Voltaire. Não obstante, quando abjurou, ficou obcecado com a ideia de que sua filha deveria se tornar freira. Talvez a pobreza em que vivia a família de Cleyre tenha contribuído para isso; pobreza que, de todo modo, resultou em os primeiros anos da pequena Voltairine serem tudo, menos felizes. Seja como for, foi já na primeira infância que ela demonstrou pouca preocupação com as coisas externas, vivia quase que completamente absorta nas próprias fantasias. A escola exerceu sobre ela grande fascínio e quando teve a sua admissão recusada por ser extremamente jovem, chorou lágrimas amargas.[8]

---

7. No original, *Underground railroad*, expressão pela qual ficou conhecida a rede informal e clandestina que os escravizados do sul usavam para escapar das fronteiras dos Estados Unidos, através dos estados do norte, nos quais a abolição já havia ocorrido — em geral, fugiam em direção ao Canadá. As atividades do *Underground railroad*, ora espontâneas, ora organizadas, eram sempre locais, desprovidas de um centro, mas se constituíram como uma forma de resistência à escravidão e de desobediência civil generalizada — da parte dos abolicionistas e simpatizantes diversos envolvidos com a causa. A expressão ganhou popularidade nos anos 1840 e passou a ser utilizada retrospectivamente para se referir ao fenômeno da fuga de escravizados e das redes mais ou menos organizadas de apoio com as quais contavam. Segundo alguns historiadores, a popularidade da expressão — que durou até a Guerra Civil Americana, após a qual foi promulgada a abolição da escravidão em todo território estadunidense, em 1863 —, mais do que indicar um aumento significativo do número de fugas, indicava o apoio mais organizado dos nortistas brancos tanto aos escravos fugitivos do sul como aos negros livres do norte — que já faziam andar os *trilhos* da *Underground railroad* muito antes de o termo ter sido cunhado.
8. Na biografia escrita por Paul Avrich, *An American Anarchist: The Life of Voltairine de Cleyre*, de 1978, narra-se o episódio em que de Cleyre, com apenas quatro anos, foi tomada de "indignação sem limites" após ter sido recusada numa escola primária, justamente por conta da idade. Segundo o relato de

Logo, porém, ela conseguiu o que queria: aos doze anos se formou, com honras, na Escola de Gramática,[9] e muito provavelmente superaria de longe a maioria das mulheres do seu tempo em pesquisa e conhecimento, se não fosse a primeira grande tragédia de sua vida, uma tragédia que fraturou o seu corpo e deixou uma cicatriz permanente na sua alma. Ela foi levada para um mosteiro, contra a vontade de sua mãe, membro da Igreja Presbiteriana, que lutou — em vão — contra a decisão do marido. No Convento de Nossa Senhora do Lago Huron, na cidade de Sarnia, em Ontário, Canadá, teve início o calvário de quatro anos da futura rebelde, opositora da superstição religiosa. No seu ensaio, *A construção de uma anarquista*, ela descreve vividamente a terrível provação daqueles anos:

Como sinto pena de mim mesma agora, ao lembrar da minha pobre alminha solitária, lutando só em meio às trevas da superstição religiosa, incapaz de acreditar e, ainda assim, com um medo contínuo da danação escaldante, selvagem e eterna, caso não me confessasse e professasse imediatamente; quão bem me lembro com que força amarga recusei-me a cumprir a ordem da minha professora, ao dizer-lhe que não poderia me desculpar pela falha apontada, pois não conseguia ver o que tinha feito de errado e se a obedecesse não acreditaria nas minhas próprias palavras. "Não é necessário", disse-me ela, "acreditar no que dizemos, mas é sempre necessário obedecer aos nossos superiores". "Não mentirei", respondi-lhe com veemência, ao mesmo tempo em que tremi pelo medo de que a minha desobediência me condenasse ao tormento definitivo... foi como atravessar o *Vale da Sombra da Morte*,[10] e ainda há cicatrizes na minha alma, em que a ignorância e a superstição me queimaram com o fogo dos infernos naqueles dias asfixiantes. Estarei eu a blasfemar? Essas são palavras deles, não minhas. Comparadas à batalha dos meus dias de juventude, todas as outras foram fáceis, pois o que quer que acontecesse no exterior, interiormente, a minha Vontade Própria era suprema. Ela não deve lealdade, e nunca

uma de suas irmãs, Voltairine de Cleyre aprendeu a ler sozinha, e aos quatro anos já lia jornais.
9. Modo como então se designava, nas escolas públicas estadunidenses, o período escolar referente a crianças de dez a quatorze anos.
10. Salmos 23:4.

deverá; move-se, obstinadamente, numa única direção: a que conduz ao conhecimento e à afirmação da própria liberdade, com todas as responsabilidades que daí decorrem.

Finda a sua capacidade de suportar, Voltairine tentou escapar do lugar odioso. Ela cruzou o rio em direção a Port Huron e vagou ao longo de dezessete milhas, mas, ainda assim, a sua casa estava longe. Faminta e exausta, teve de voltar de modo a buscar refúgio na casa de um conhecido da família. Lá, mandaram chamar seu pai, que levou a menina de volta para o convento.

Voltairine nunca falou sobre a penitência a que foi submetida, mas deve ter sido excruciante, já que o resultado da sua vida monástica foi uma saúde completamente deteriorada quando mal tinha completado dezesseis anos de idade. Ainda assim, permaneceu na escola do convento até terminar os estudos: a autodisciplina rígida e a perseverança, características marcantes da sua personalidade, já eram, portanto, dominantes desde a adolescência de Voltairine. Não obstante, quando finalmente se graduou na abominável prisão, estava transformada não apenas fisicamente, como também espiritualmente. "Por fim, encontrei a saída", escreve, "e era uma livre-pensadora quando deixei a instituição, embora nunca tivesse visto um livro ou ouvido uma palavra que pudesse me ajudar na minha solidão."

Uma vez livre da tumba, ela sepultou o falso deus. No seu belo poema, "O funeral do meu passado morto", ela canta:

> E agora, Humanidade, volto-me a ti;
> Consagro meu serviço ao mundo!
> Perece o velho amor, dá-se boas-vindas ao novo —
> Amplo como as vias espaciais nas quais as estrelas rodopiam!

Com avidez, ela se dedicou ao estudo da literatura sobre o livre-pensamento, sua mente alerta absorvia tudo com grande facilidade. Logo se juntou ao movimento secular[11] e se tornou

---

11. O *movimento secular* aqui referido designava um conjunto de pequenas organizações, ligas e associações cujas visões políticas iam do conservadorismo

uma das suas figuras mais proeminentes. Suas conferências, sempre cuidadosamente preparadas (Voltairine desprezava completamente a fala extemporânea),[12] eram ricamente adornadas com uma série de pensamentos originais, além de brilhantes na forma e na apresentação. Seu discurso sobre Thomas Paine, por exemplo, superou esforços semelhantes da parte de Robert Ingersoll com toda a sua oratória florida.

Durante uma convenção em memória de Paine, em alguma cidade da Pensilvânia, Voltairine de Cleyre teve a chance de ouvir Clarence Darrow discursar sobre o socialismo.[13] Foi a primeira vez que o aspecto econômico da vida e o esquema socialista de uma sociedade futura lhe foram apresentados. Que há injustiça no mundo é algo que, obviamente, ela sabia por experiência própria. Mas ali estava alguém capaz de analisar magistralmente as causas da escravidão econômica com todos os seus efeitos degradantes sobre as massas; e, além disso, alguém que também capaz de delinear claramente um plano definido para a reconstrução. A conferência de Darrow foi como um maná para a jovem garota espiritualmente faminta. "Eu corri naquela direção", escreveu anos mais tarde, "como alguém que, ao dar as costas para a escuridão, corre para a luz, e agora dou

---

ao anarquismo — não devendo ser entendido, portanto, como um movimento unificado. A pauta geral que unia os diferentes grupos secularistas era a da separação entre Igreja e Estado e, de modo mais particular, protestavam contra o subsídio fiscal às escolas paroquiais. Com o crescimento de sua reputação, de Cleyre proferiu uma série de conferências em defesa do livre-pensamento em diversos estados, organizadas pela *American Secular Union*. Nesse sentido, é exemplar o seu ensaio "Educação secular", de 1887, em que expõe os perigos de misturar a educação pública com a religião.
12. No original, *extemporaneous speaking* indica um tipo de competição de discursos tradicional nos Estados Unidos.
13. Clarence Darrow (1857–1938) foi um dos mais conhecidos advogados dos Estados Unidos da época, ainda hoje considerado por muitos como uma espécie de lenda. Destacou-se por abrir mão de uma rentável carreira como advogado para defender, nos tribunais, tanto os trabalhadores explorados como as lideranças sindicais e os perseguidos políticos em geral.

risada da rapidez com que adotei o rótulo *socialismo* e da rapidez com a qual o descartei."

Descartou, porque percebeu o quão pouco sabia sobre o contexto histórico e econômico do socialismo. Sua integridade intelectual a fez parar de ministrar conferências sobre o assunto e a começar a se aprofundar nos mistérios da sociologia e da economia política. Mas, como qualquer estudo sério do socialismo conduz inevitavelmente às ideias mais avançadas do anarquismo, o amor à liberdade inerente a Voltairine não podia fazer as pazes com as noções socialistas, em geral, obsediadas pela questão do Estado. Ela descobriu, conforme escreveu na época que "a liberdade não é a filha, mas a mãe da ordem" [14].

Ao longo de um período de vários anos, ela acreditou ter encontrado uma resposta para sua busca pela liberdade na escola anarquista individualista representada na publicação de Benjamin R. Tucker, intitulada *Liberty*,[15] e nas obras de Proudhon, Herbert Spencer e outros pensadores sociais. Posteriormente, porém, abandonou todos esses rótulos econômicos, chamando-se simplesmente de anarquista, ao sentir que "somente a liberdade e a experiência podem vir a determinar as melhores formas econômicas da sociedade".

O primeiro impulso em direção ao anarquismo foi desperto em Voltairine de Cleyre pelo trágico incidente ocorrido na cidade de Chicago, em 11 de novembro de 1887. Ao mandar os anarquistas para a forca, o Estado de Illinois estupidamente se vangloriou de ter, com isso, também aniquilado o ideal em nome do qual os homens morreram.[16] Um equívoco absurdo, muito

---

14. Embora não faça alusão, de Cleyre está aqui referenciando Pierre-Joseph Proudhon. Vide o primeiro parágrafo do seu *Solution du problème social*, de 1848.
15. Possivelmente o maior divulgador e teórico do anarquismo individualista, Tucker editou e publicou o jornal *Liberty* entre 1881 e 1908. A publicação destacou-se em meio aos demais jornais anarquistas da época sobretudo pela qualidade literária e ensaística de seus escritos.
16. Os anarquistas condenados à pena capital — com data de execução marcada para 11 de novembro de 1887 — foram considerados culpados pelo ataque à

embora insistentemente repetido por aqueles que se sentam nos tronos dos poderosos! Mas a verdade é que os corpos de Parsons, Spies, Fisher, Engel e Lingg sequer haviam esfriado, quando uma nova vida veio à luz para proclamar os seus ideais.[17]

bomba contra a polícia no evento que ficou conhecido como Revolta de Haymarket, ocorrido em 4 de maio de 1886. O evento finalizou tragicamente a segunda greve geral dos Estados Unidos, de proporções até então inauditas, já que apenas em Londres houve uma greve da mesma magnitude, ocorrida 56 anos antes. Iniciada pacificamente no 1º de maio daquele ano, a greve uniu trabalhadores, sindicalistas, socialistas, anarquistas e um sem-número de simpatizantes da pauta de diminuir a jornada de trabalho para oito horas. O hino, bastante audaz para a época, era "Oito horas de trabalho. Oito horas de descanso. Oito horas para fazer o que quisermos". Naquele 1º de maio de 1886, cerca de 300 mil trabalhadores entraram em greve nos Estados Unidos. Só em Chicago, epicentro do movimento, estima-se que cerca de 40 mil trabalhadores tenham parado e 80 mil pessoas tenham ido às ruas. Os protestos em Chicago estavam programados para ocorrer ao longo de vários dias, mas a repressão da polícia foi rápida e brutal. Em 3 de maio, uma pessoa foi morta e várias ficaram feridas em um confronto entre a polícia e os grevistas da *McCormick Harvesting Machine Company*. Para protestar contra a violência policial, lideranças anarquistas convocaram uma reunião em massa para o dia seguinte, 4 de maio, na Praça Haymarket. No final da reunião, até então pacífica, a polícia causou tumultos e os manifestantes lançaram uma bomba contra os policiais. No caos que se seguiu, a polícia abriu fogo contra a multidão, deixando dezenas de pessoas feridas. Sete policiais morreram, mas o número de civis assassinados nunca foi oficialmente divulgado. Há quem avente que muitas mortes de civis não foram registradas, de modo a evitar a investigação e a perseguição política dos sobreviventes. No primeiro congresso da Segunda Internacional, ocorrido em Paris no dia 14 de julho de 1889, centenário da Revolução Francesa, instituiu-se o 1º de maio como Dia Internacional do Trabalho, em homenagem aos mártires de Haymarket e à sua luta pela jornada de oito horas de trabalho diárias. Somente em 1937 a jornada de oito horas foi promulgada em todo território estadunidense. O Dia Internacional do Trabalho é comemorado no 1º de maio em mais de 80 países, entre os quais, como se sabe, o Brasil. Nos Estados Unidos, ironicamente, em 1º de maio é oficialmente comemorado o Dia da Lealdade — lealdade, no caso, aos Estados Unidos e à tradição estadunidense da liberdade. O presidente Eisenhower decretou o feriado em 1955, durante a Guerra Fria, de modo a evitar qualquer indício de complacência com o 1º de maio dos *trabalhadores do mundo*.

17. O autor do atentado nunca foi identificado, embora os efeitos da bomba tenham, por assim dizer, se alastrado por todo país. A opinião pública foi

POSFÁCIO

Voltairine, como a maioria dos americanos foi envenenada pela deturpação dos fatos divulgada pela imprensa da época, de modo que, inicialmente, fez coro ao clamor: "Eles devem ser enforcados!" Mas possuía uma mente perscrutadora, do tipo que não podia, por muito tempo, contentar-se com a superficialidade das aparências. Logo, repreendeu-se por sua precipitação. Em seu primeiro discurso, na ocasião do aniversário do evento de 11 de novembro de 1887, Voltairine, sempre escrupulosamente honesta para consigo, declarou em público o quão profundamente se arrependia de ter feito coro ao "Eles devem ser enforcados!" que, vindo de alguém que na época já não acreditava na pena capital, tornava-se duplamente cruel.[18] "Por aquela sentença

instantaneamente cooptada pela imprensa contra os anarquistas como um todo, que foram responsabilizados pelo que passou a ser referido como *motim* — até porque, a despeito do que se poderia imaginar, apenas um dos policiais morreu exclusivamente em decorrência dos ferimentos causados pela bomba, os demais morreram por conta de ferimentos infligidos por balas de revólveres —, e todo um clima de histeria antivermelha generalizada foi instaurado. Após dezenas de prisões, apreensões e detenções que, em grande medida, violaram abertamente os direitos civis, oito anarquistas foram responsabilizados pelo atentado, embora não tenha sido provado o envolvimento direto de nenhum deles. Dos oito sentenciados, apenas um não foi condenado à morte e, entre os que foram, dois apelaram da sentença em carta ao governador de Illinois, e tiveram a pena comutada para prisão perpétua. Uma clemência que resultou da pressão da opinião pública, que incluiu ao menos 100 000 assinaturas de cidadãos estadunidenses numa petição de anistia, somada a uma mensagem de repúdio assinada por diversas personalidades ilustres da Europa como Oscar Wilde, Bernard Shaw e Friedrich Engels contra a decisão da Suprema Corte dos EUA de indeferir a petição. Dos cinco homens aqui nomeados por Goldman — que optaram por não apelar para se manterem fiéis às suas convicções —, apenas o jovem imigrante alemão Louis Lingg não foi enforcado, pois, um dia antes da execução, se suicidou com um detonador em sua cela. Milhares de pessoas compareceram ao funeral dos cinco executados em nome da lei. Seis anos depois, em 1893, os três sobreviventes encarcerados receberam o perdão do então novo governador de Illinois, John Peter Atgeld, que sacrificou a sua carreira política ao fazer a lei valer para os miseráveis. Atualmente, o julgamento é considerado como um dos maiores erros judiciais da história estadunidense.
18. Os jornais de Chicago divulgaram uma série de histórias infundadas sobre conspirações anarquistas de grupos antiamericanos formados por imigrantes

ignorante, ultrajante e sanguinária, nunca me perdoarei", disse, "embora saiba que os mortos teriam me perdoado. Mas a minha própria voz, tal como se fez soar naquela noite, ressoará nos meus ouvidos até que eu morra — como uma reprovação amarga e uma vergonha."

Da morte heroica em Chicago emergiu uma vida heroica, uma vida consagrada às ideias pelas quais aqueles homens foram condenados à morte. Desse dia até o fim de sua vida, Voltairine de Cleyre fez uso da sua escrita poderosa e da maestria da sua fala para promover o ideal que passou a significar para ela a única *raison d'être* da sua vida.[19]

Voltairine de Cleyre era excepcionalmente talentosa: como poeta, escritora, conferencista e linguista, poderia ter facilmente conquistado uma posição de destaque no seu país e a fama decorrente disso. Mas ela não era do tipo que coloca os talentos à venda em troca das panelas de carne do Egito.[20] Ao contrário.

sob comando russo. Assim, uma associação violenta e difamatória entre anarquistas e imigrantes foi sendo estabelecida ao mesmo tempo em que o clamor público por vingança foi incitado e inflamado — clamor pelo qual de Cleyre se condenava por ter aderido.

19. É interessante notar que a consciência política de Goldman também foi desperta pelo evento na praça Haymarket, embora no seu caso, diferentemente de Voltairine de Cleyre, a virulência da imprensa só tenha servido para alimentar, desde o primeiro momento, a simpatia pelos oito acusados — para o que, certamente, contribuiu o fato de ela também ser imigrante, como sete dos condenados. Conforme relata em sua autobiografia *Living my life*: "Chicago foi muito significativo na minha vida. Devo o meu nascimento espiritual aos mártires de 1887".

20. Referência a Êxodo 16:3, passagem na qual os israelitas, sedentos e famintos já no início de sua peregrinação pelo deserto, lamentam não disporem mais das panelas cheias de carne e de todo o pão que dispunham no Egito, esquecendo-se de que a *fartura* fazia parte da sua situação de escravizados. Alguns estudiosos dos textos bíblicos questionam a literalidade dessa expressão, já que panelas cheias de carne, em geral, não fazem parte da dieta de pessoas em situação de escravidão. Assim, veem nela uma alusão metafórica à luxúria, à ganância e ao apego material. Independentemente de seu significado original, a expressão *fleshpot* é idiomática da língua inglesa, e é utilizada para indicar lugares caros e luxuriosos ou atitudes excêntricas e esbanjadoras.

Ela não aceitava o mais simples conforto para a realização das suas atividades nos diversos movimentos sociais aos quais se dedicou ao longo da vida. Insistia em organizar a sua vida de modo coerente com suas ideias, em viver ao lado das pessoas que buscava ensinar e inspirar o valor da dignidade humana, o desejo apaixonado pela liberdade e a força para lutar em seu nome. Essa vestal revolucionária viveu como a mais pobre dos pobres, num ambiente lúgubre e miserável, sobrecarregando seu corpo ao máximo, ignorando as coisas externas, sustentada unicamente pela *ideia dominante* que então a guiava.

Como professora de línguas nos guetos da Filadélfia, Nova York e Chicago, Voltairine lutou arduamente para garantir uma existência miserável, não obstante, ainda assim, conseguiu, com seus parcos ganhos, sustentar a mãe, comprar um piano a prazo (amava música apaixonadamente e foi uma artista de estatura não insignificante) e ajudar uma série de pessoas que eram inclusive fisicamente mais saudáveis do que ela. Como foi capaz de fazer tudo isso nem mesmo os seus amigos mais próximos souberam explicar. Como tampouco ninguém pôde compreender a energia miraculosa que lhe permitiu, apesar da condição debilitada e da dor física constante, dar aulas por 14 horas, sete dias na semana, contribuir para inúmeras revistas e jornais, escrever poesia e pequenas composições literárias [*sketches*] e preparar e dar palestras que eram verdadeiras obras-primas de lucidez e beleza. Uma viagem curta pela Inglaterra e Escócia em 1897 foi o único alívio para a sua labuta diária. É certo que ela não poderia ter sobrevivido a uma tal provação ao longo de tantos anos, se não fosse pela *ideia dominante* a fortalecer a persistência da sua Vontade.

Em 1902, um jovem desvairado que havia sido aluno de Voltairine — e que, por algum motivo, meteu na cabeça a aberração de que ela era antissemita (ela que devotou a maior parte da sua vida à educação de judeus!) —, preparou-se para atacá-la na volta de uma das suas aulas de música. Ao se aproximar dele, sem saber do perigo iminente, recebeu vários tiros em seu corpo. A vida de Voltairine foi salva, mas os efeitos do choque e dos ferimentos marcaram o início de um terrível purgatório físico. Ela foi acometida por um zumbido enlouquecedor e incessante nos ouvidos. Costumava dizer que os barulhos mais terríveis da cidade de Nova York eram melodia comparados com os golpes ensurdecedores em seus ouvidos. Aconselhada pelos médicos de que uma mudança de clima poderia ajudá-la, foi para a Noruega. Voltou aparentemente melhor, mas não durou muito tempo. A doença a levou de hospital em hospital, exigiu uma série de operações, que não trouxeram alívio. Deve ter sido num desses momentos de desespero que Voltairine de Cleyre contemplou o suicídio. Em meio às suas cartas, uma jovem amiga sua encontrou, em Chicago, muitos anos depois de sua morte, um pequeno bilhete escrito à mão por Voltairine, endereçado a ninguém em particular, e no qual estava contida a resolução desesperada:

Farei esta noite o que sempre pretendi fazer caso as circunstâncias com as quais me deparo agora surgissem em minha vida. Lamento apenas que, na minha fraqueza espiritual, não tenha agido de acordo com as minhas convicções pessoais já há muito tempo, que tenha me permitido ser aconselhada, ou melhor, mal aconselhada pelos outros. Fazer isso antes teria me poupado um ano de sofrimento ininterrupto e aos meus amigos um fardo — que, por mais gentilmente que tenham suportado, era ainda assim inútil.

De acordo com minhas crenças sobre a vida e os seus fins, considero que é um dever de quem sofre de uma doença incurável abreviar suas agonias. Tivesse algum dos meus médicos me contado a verdade sobre o meu caso, quando perguntei, uma tragédia longa e sem esperança poderia ter sido evitada. Mas, obedecendo ao que chamam de "ética médica", optaram por me prometer o impossível (a recuperação), a fim de me manter atada ao banco de tortura da vida. Esse tipo de ação faz deles os responsáveis pelo meu tormento, pois considero que um dos principais crimes da profissão médica é o de contar esse tipo de mentira.

Para que ninguém seja injustamente acusado, gostaria de deixar claro que minha doença é sinusite crônica [*chronic catarrh of the head*], e aflige os meus ouvidos com um chiado incessante faz um ano. Nada tem a ver com o tiroteio de dois anos atrás, e ninguém, de nenhum modo, deve ser culpado por isso.

Desejo que meu corpo seja doado ao Hahnemann College para dissecação; espero que o dr. H. L. Northrop possa se encarregar disso. Não quero cerimônias, nem discursos. Morro como vivi, um espírito livre, uma anarquista, que não fez juramentos de lealdade a governantes — do céu ou da terra. Embora, fique triste pelo trabalho que gostaria ainda de fazer, justamente o que a perda da saúde me impede, sinto alegria por não ter vivido uma vida inútil (exceto nesse último ano) e espero que o meu trabalho viva e cresça com a vida dos meus alunos e que seja transmitido por eles a outras pessoas, assim como lhes transmiti o que recebi. Se meus camaradas desejarem fazer algo em minha memória, que imprimam meus poemas, cujos manuscritos estão em posse de N. N., a quem deixo esta última tarefa de realizar os meus poucos desejos.

Meu último pensamento é a visão de um mundo livre, sem pobreza e sem dor, sempre em ascensão para o conhecimento mais sublime.

Voltairine de Cleyre

Não há nenhuma indicação em nenhum lugar, do porquê de Voltairine, sempre tão determinada, ter falhado nessa sua intenção. Sem dúvida, foi novamente a *ideia dominante*; sua Vontade de vida era muito forte.

No bilhete em que revela a decisão de acabar com a própria vida, Voltairine afirma que sua doença nada tinha a ver com os tiros disparados dois anos antes. Ela foi impelida pela sua ilimitada compaixão a exonerar seu agressor, como foi impelida por essa mesma compaixão, quando apelou aos seus camaradas que angariassem fundos para ajudar o jovem e se recusou a processá-lo "sob os trâmites da lei". Ela sabia melhor do que os juízes quais eram a causa e o efeito do crime e da punição. Como sabia também que, independentemente de qualquer circunstância, o jovem era inimputável. Mas a roda da lei continuou a girar. O agressor foi condenado a sete anos de prisão, onde logo terminou de perder completamente a cabeça, e faleceu, num asilo de loucos, dois anos depois. A atitude de Voltairine com os criminosos e a sua concepção da ineficácia e da barbárie da punição estão registradas no brilhante tratado, *Crime e castigo*. Após uma análise penetrante das causas do crime, ela pergunta:

Teria visto você, alguma vez, chegar — o mar? Quando o vento sai como um rugido para fora da névoa e um urro ensurdecedor troveja da água? Alguma vez você já viu leões brancos perseguindo uns aos outros contra os muros de contenção, e pulando com raiva espumante, como se atracam, e se viram e perseguem uns aos outros ao longo das barras pretas de sua jaula, furiosos para devorarem-se uns aos outros? E como recuam? E como avançam de novo? Teria você já devaneado, em meio a tudo isso, quais gotas de água em particular atingiriam o muro de contenção? Se alguém pudesse conhecer todos os fatos, poderia calcular até mesmo isso. Mas quem pode saber de todas elas? De uma só coisa temos certeza; algumas certamente colidem contra o muro.

Os criminosos são aquelas gotas de água lançadas contra esse muro idiota e quebrado. Não podemos saber exatamente por que aqueles em particular; mas alguns tiveram de ser. Não os amaldiçoe; já os amaldiçoaram o suficiente...

E, com o seguinte apelo, ela encerra a sua maravilhosa exposição de criminologia: "Acabemos com essa ideia selvagem de punição, desprovida de sabedoria. Trabalhemos pela libertação do homem da opressão que os transforma em criminosos e para que seja dado um tratamento esclarecido aos enfermos".

Voltairine de Cleyre iniciou sua carreira pública como pacifista, e por muitos anos se dedicou, com afinco, a refutar os métodos revolucionários. Mas os eventos na Europa durante os últimos anos de sua vida, a Revolução Russa de 1905, o rápido desenvolvimento do capitalismo no seu país, com toda crueldade, violência e injustiça que daí resultam, e, particularmente, a Revolução Mexicana — mudaram a sua compreensão acerca dos métodos. Como sempre lhe acontecia, quando, após uma luta interna, enxergava motivos para mudar, sua natureza grandiosa a compelia a admitir o erro, para livre e bravamente se pôr a defender o novo. Ela fez isso nos seus competentes ensaios *Ação direta* e *A Revolução Mexicana*.[21] E fez mais; ela aderiu,

---

21. Goldman provavelmente está se referindo ao fato de Voltairine de Cleyre admitir, nos referidos textos, o emprego da violência como método revolucionário: caso da Revolução Mexicana, que, entre outros aspectos, caracterizou-se como uma insurreição armada em grande escala. Porém, no ensaio "Anar-

fervorosamente, à luta do povo mexicano que se livrou de seu jugo; ela escreveu, ela discursou, ela coletou fundos para a causa mexicana. E, inclusive, se desentendeu com alguns de seus camaradas porque eles viram nos eventos ocorridos ao longo da fronteira americana apenas uma fase da luta social e não um assunto que exigisse a totalidade da atenção, ao qual tudo o mais deveria estar subordinado.[22] Eu estava entre os que foram duramente criticados por ela, como também a revista *Mother Earth*, da qual era então editora. Muitas vezes Voltairine me censurou por "desperdiçar" a minha força ao me dirigir à *intelligentsia* americana, em vez de consagrar todos os meus esforços aos trabalhadores, como ela o fez tão ardentemente.[23] De todo modo,

---

quismo", na p. 21 desta edição, escrito quatro anos antes da Revolução Russa de 1905, de Cleyre assume indiretamente uma diversidade de métodos, violentos e pacíficos, teóricos e práticos, como igualmente bem-vindos à causa do anarquismo. É verdade, porém, que à época ela se autodeclarava pacifista.
22. Segundo postula em "A Revolução Mexicana", escrito e publicado em 1911, o evento em curso consistiria em uma "das manifestações mais proeminentes da revolta mundial contra a economia". E vai além quando afirma que "Provavelmente, ocupa um lugar tão importante na presente desconstrução e reconstrução das instituições econômicas, quanto a grande revolução da França ocupou no movimento do século XVIII". Embora tais declarações possam parecer exageradas, os seus argumentos para justificar a relevância que atribui a esse evento histórico, ainda pouco discutido hoje, são bastante contundentes. Segundo de Cleyre, o que tornava a Revolução Mexicana sem precedentes na história era a centralidade que a questão agrária ocupava na luta. Para ela, "É preciso entender que a mais importante das revoltas é a revolta contra o sistema de posse da terra. A Revolução Industrial das cidades, embora esteja longe de ser silenciosa, não se compara à revolta agrária". Nesse sentido, diagnosticava que a Revolução Mexicana em curso ocupava espaço reduzido nas mentes e nos esforços da esquerda radical estadunidense devido aos preconceitos de "nossos complacentes concidadãos de origem anglo-saxônica" para com os deserdados da terra, o que incluía não apenas os mexicanos de ascendência indígena, como os afro-americanos.
23. Embora de Cleyre não tenha mencionado diretamente Goldman ou o *Mother Earth*, o diário de viagem "Impressões de turnê" [*Tour Impressions*] — publicado em duas partes no próprio *Mother Earth*, nos números de dezembro de 1910 e janeiro de 1911 — é claramente um ataque tanto a Goldman como aos leitores do jornal e, portanto, uma crítica à sua estratégia política como um

conhecendo a profundidade da sua sinceridade, o cuidado religioso impresso em tudo o que fez, ninguém se ofendeu com a sua censura: continuamos a amá-la e admirá-la da mesma forma. O quão profundamente ela sentiu as calamidades sociais do México é demonstrado no fato de que começou a estudar espanhol e efetivamente planejou ir para o México com o objetivo de morar e trabalhar com os índios yaquis e se tornar uma força ativa na revolução. Em 1910, Voltairine de Cleyre mudou-se da Filadélfia para Chicago, onde voltou a dar aulas para imigrantes; ao mesmo tempo, ela também deu conferências, trabalhou na história do que ficou conhecido como revolta de Haymarket, traduziu do francês a vida de Louise Michel, a sacerdotisa da piedade e da vingança como W. T. Stead nomeou a anarquista francesa,[24] além

todo. Neste diário, de Cleyre avalia o público e o possível impacto de suas conferências em diversas cidades das regiões da Nova Inglaterra e do Centro-Oeste estadunidense entre 1910 e 1911. Ela argumenta que a maior parte de sua audiência era composta de "pessoas respeitáveis", isto é, de intelectuais, estudantes e demais membros das classes médias; e que, embora fossem gratificantes do ponto de vista pessoal, eram irrelevantes para o interesse público, já que, segundo ela, essas pessoas não tinham qualquer "interesse ou intento de tomar as palavras do orador como sérias o suficiente para serem postas em prática". A virulência de sua crítica é bem clara nesse sentido: "Camaradas, seguimos por um caminho errado. Voltemos ao ponto que nosso trabalho deve ser realizado principalmente entre os pobres, os ignorantes, os brutos, os deserdados, os homens e as mulheres que fazem o trabalho duro e brutalizante do mundo". Ao que parece, de Cleyre, alinhada a Alexander Berkman — também editor do *Mother Earth*, além de companheiro político e, possivelmente, a pessoa mais próxima de Goldman ao longo de toda a sua vida —, se opunha à estratégia de direcionar a propaganda anarquista às classes de intelectuais e burgueses bem-letrados, para o que Goldman fazia amplo usa da crítica literária: uma estratégia que fazia parte da tradição dos populistas revolucionários russos à qual pertencia. Daí que a *impressão* compartilhada por de Cleyre de que "nossa propaganda atual (se houver) é um erro lamentável" foi um ataque direto a Goldman. A resposta de Goldman, por sua vez, foi tanto direta como imediata. Logo após a primeira parte das "Impressões da turnê", no mesmo volume, Goldman publicou a sua resposta, "Uma réplica", em que refuta as críticas e as acusações de forma enérgica e contundente.
24. Em 1912, ano da morte de Voltairine de Cleyre, o jornalista Leonard D. Abbott publicou uma homenagem à anarquista estadunidense na qual a

de outras obras relacionadas ao anarquismo de escritores estrangeiros. Constantemente acometida pela sua terrível aflição, sabia muito bem que a doença rapidamente a levaria para o túmulo. Mas suportou a dor estoicamente, sem deixar seus amigos saberem do progresso da doença sobre sua compleição. Bravamente, ela lutou pela vida com dores infinitas e uma paciência infinita, mas foi em vão. A infecção penetrou cada vez mais profundamente até evoluir para uma mastoidite, necessitando de uma operação imediata. Ela poderia ter se recuperado, se o veneno não tivesse se espalhado para o cérebro. A primeira operação afetou a memória; ela não conseguia se lembrar de nomes, nem mesmo dos amigos mais próximos que cuidavam dela. Era praticamente certo que uma segunda operação, se ela sobrevivesse, prejudicaria completamente a sua capacidade de fala. Mas logo a Morte nefasta tornou desnecessária a experimentação científica no corpo tão excessivamente torturado de Voltairine de Cleyre. Ela morreu em 6 de junho de 1912. No cemitério de Waldheim, perto do túmulo dos anarquistas de Chicago, jaz Voltairine de Cleyre; e todos os anos massas de pessoas viajam até lá para prestar homenagem à memória dos primeiros mártires anarquistas da América, e relembrar com amor de Voltairine de Cleyre.[25]

Os fatos físicos que marcaram a vida dessa mulher única não são difíceis de registrar. Contudo, eles não dão conta de explicar os traços combinados em seu caráter, as contradições que tinham lugar na sua alma, as tragédias emocionais de sua vida. Pois, diferentemente de outros grandes rebeldes sociais, a carreira pública de Voltairine não foi muito rica em eventos. Verdade que ela teve alguns conflitos com os poderes constituídos, que foi retirada à força da tribuna em várias ocasiões, que foi presa e julgada em

designou de "sacerdotisa da compaixão e da vingança", conforme Stead havia vinte anos antes designado Louise Michel. A homenagem foi publicada em setembro daquele ano na revista *Mother Earth*.
25. Também Goldman foi enterrada no cemitério de Waldheim, em Chicago, em 1940, próxima aos túmulos dos mártires de Chicago, de Voltairine de Cleyre e de outros anarquistas ilustres.

outras, não obstante nunca condenada. No geral, suas atividades prosseguiram de maneira relativamente tranquila e sem perturbações. Suas batalhas eram de natureza psicológica, suas decepções mais amargas tinham raízes em seu próprio ser estranho. Para compreender a tragédia da sua vida, deve-se tentar rastrear suas causas inerentes. A própria Voltairine nos deu a chave de sua natureza e de seus conflitos internos, em diversos dos seus ensaios, especialmente, nos seus escritos autobiográficos. Em *A construção de uma anarquista*, por exemplo, ela nos conta que, caso tentasse explicar o seu anarquismo pela veia ancestral da rebeldia –– ainda que, no fundo, as convicções sejam principalmente uma questão de temperamento ––, teria de se considerar "um erro desconcertante de lógica; pois, pelas minhas primeiras influências e educação, deveria ter virado freira e passado o resto da minha vida glorificando a Autoridade em sua forma mais concentrada".[26]

Não há dúvidas de que os anos no convento comprometeram não só o seu físico, como exerceram um efeito duradouro sobre seu espírito; mataram nela as fontes de alegria e contentamento. De todo modo, devia ser-lhe inata certa tendência ao ascetismo, porque nem mesmo os quatro anos em que viveu na tumba poderiam causar um efeito tão esmagador sobre a totalidade da sua existência. A sua natureza era absolutamente ascética. Seu

---

26. Goldman não é muito precisa nesse trecho. Pois o que de Cleyre declara no referido texto é o oposto, ou seja, que o fato de seu pai e seu avô terem sido comunistas, era "provavelmente a razão remota da minha oposição às coisas como elas são: no fundo, as convicções são principalmente uma questão de temperamento" (*A construção de uma anarquista*). A dificuldade, segundo de Cleyre, se daria caso ela tentasse explicar a sua verve revolucionária por outros motivos que não o da hereditariedade, dado que as suas "primeiras influências e educação" foram rigidamente religiosas, com a conversão do seu pai ao catolicismo e seu internamento compulsório no convento. Ao que parece, Goldman simplesmente se equivocou aqui, já que, nas páginas anteriores, ela mesma observou que a anarquista estadunidense havia herdado as suas "tendências revolucionárias" da ascendência franco-americana da parte do avô paterno e pai.

trato para com a vida e os ideais era o mesmo dos santos dos tempos idos que flagelavam os seus corpos e torturavam suas almas para a infinita glória de Deus. Em termos figurativos, Voltairine também se flagelou, como se em penitência pelos nossos pecados sociais; seu pobre corpo estava sempre coberto com roupas mal-ajambradas e ela negava a si mesma até as alegrias mais modestas, e isso não apenas por falta de condições, mas porque fazer diferente ia contra os seus princípios.

Todo movimento social e ético tem, é claro, os seus ascetas; a diferença entre eles e Voltairine é que, em geral, não adoram outros deuses e nem têm a necessidade de um que não seja o seu ideal particular. Não era esse o caso de Voltairine. Apesar de toda a sua devoção aos ideais sociais, ela tinha outro deus — o deus da Beleza. Sua vida foi uma batalha incessante entre os dois; o asceta sufocava obstinadamente o seu anseio de beleza, ao passo que o poeta que nela havia desejava a beleza obstinadamente, adorando-a em completo autoesquecimento, apenas para ser novamente arrastado pelo asceta até a outra deidade, o seu ideal social, a sua devoção à humanidade. Não foi dada a Voltairine a possibilidade de combinar os dois; daí a luta interior dilacerante.

A natureza foi extremamente generosa com Voltairine, dotando-a de um intelecto singularmente brilhante e uma alma rica e sensível. Mas a beleza física e a sensualidade feminina foram-lhe recusadas, o que se tornou mais evidente com os problemas de saúde e a sua aversão ao artifício. Ninguém sentiu essa recusa de forma mais pungente do que ela. A angústia oriunda da ausência de encantos físicos fala em sua perturbadora composição autobiográfica, intitulada *A recompensa de uma apóstata*:

... Oh, que meu deus nada tenha a ver comigo! Esta é uma velha tristeza! Meu deus era a Beleza, e eu sou completamente feia, e sempre fui. Não há graciosidade alguma nestes meus membros rudes, e nunca houve em nenhuma época. Eu, para quem a glória de um olhar brilhante seria como a luz das estrelas no interior de um poço profundo, tenho olhos opacos e esmaecidos, e sempre os tive; os lábios e o queixo bem esculpidos por onde corre o esplendor da vida em centelhas borbulhantes, essa taça com o vinho da vida nunca foi minha seja para provar ou beijar. Sou da cor da terra e devido à minha feiura busco sempre a sombra, para que a luz do sol não possa me ver, e nem quem é amado pelo meu deus. Mas, houve uma vez em que, no meu canto escondido, atrás de uma cortina de sombras, por um breve momento, vi a glória do mundo e senti tal alegria com isso, como somente os feios conhecem, sentados em silêncio a adorar, esquecendo-se de si mesmos e sendo esquecidos. Aqui no meu cérebro resplandeceu o cintilar do sol a se pôr na costa, a longa linha dourada que separa a areia do mar, onde a espuma deslizante pegou fogo e queimou até a morte...

Aqui no meu cérebro, meu silencioso e oculto cérebro, estavam os olhos que amava, os lábios que não me atrevi a beijar, a cabeça esculpida e os cabelos encaracolados. Eles sempre estiveram aqui na minha casa das maravilhas, a minha casa da Beleza. O templo do meu deus. Eu fechava a porta para a vida comum e aqui cultuava. E nenhuma coisa viva, brilhante e voadora em cujo corpo a beleza habita pode adivinhar a alegria extática de uma criatura marrom e silenciosa, uma coisa-sapo, agachada no pântano sombrio, apagada e imóvel, não obstante emocionada com a presença da Beleza, mesmo sem ter nenhuma parte nela.

Isso é complementado com a descrição do seu outro deus, o deus da força física, o criador e destruidor de todas coisas, o remodelador do mundo. Ela o seguia e teria caminhado ao seu lado de tanto que o amava,

não com aquele êxtase estático de alegria transbordante com que o meu deus me preencheu no passado, mas com o fogo impetuoso e impaciente que queimava e palpitava em todas as partículas do meu sangue. 'Eu te amo, me ame de volta', berrei, e teria me enlaçado ao seu pescoço se ele não tivesse se voltado contra mim com um golpe brutal; e, em seguida, fugido pelo mundo, deixando-me aleijada, ferida, impotente, com uma dor lancinante a correr em minhas veias lufadas de dor! Assim, arrastei-me novamente para a minha velha caverna, trôpega, cega e surda, exceto para a visão assombrosa da minha vergonha e para o som do sangue febril a correr em minhas veias...

Citei tão longas passagens, porque essa pequena composição literária é um símbolo das tragédias emocionais que marcaram a vida de Voltairine, além de revelar, de modo singular, as lutas que travou, em silêncio, contra o destino que lhe permitiu tão pouco daquilo que mais desejava. De todo modo, Voltairine tinha o seu charme peculiar que se mostrava de modo mais prazenteiro quando indignada contra alguma calamidade ou quando sua face pálida se iluminava com o fogo interno do seu ideal. Entretanto, os homens que fizeram parte da sua vida raramente notaram isso; eles estavam sempre demasiadamente intimidados pela sua superioridade intelectual, que os cativava por um tempo. Seja como for, a alma faminta de Voltairine de Cleyre ansiava por muito mais do que a mera admiração intelectual que os homens, de todo modo, não tiveram a capacidade ou a generosidade de demonstrar. Cada um deles à sua maneira "se voltou contra ela com um golpe brutal", deixando-a desolada, solitária e com um coração faminto.

A derrota emocional de Voltairine não é um caso excepcional; essa é a tragédia de muitas mulheres intelectuais.[27] A atração física sempre foi, e não há dúvidas de que sempre será, um fator decisivo na vida amorosa de duas pessoas. A relação sexual no que diz respeito aos povos modernos certamente perdeu muito da sua antiga brutalidade e vulgaridade. Não obstante, é um fato ainda hoje, como o é há muito tempo, que os homens não se sentem atraídos, ao menos não de modo central, pela inteligência ou pelos talentos de uma mulher, mas, sim, pelos seus atrativos físicos. Isso não implica necessariamente que eles prefiram uma mulher que seja estúpida. Implica, entretanto, que a maioria dos homens prefere a beleza à inteligência, talvez porque seja algo tipicamente masculino se vangloriar de não ter necessidade de beleza no que diz respeito à própria constituição física e de dispor de inteligência o suficiente a ponto de não precisar demandá-la de suas esposas. Em todo caso, essa é a tragédia de muitas mulheres intelectuais.

Houve um homem na vida de Voltairine que a estimou pela beleza do seu espírito e pela qualidade da sua inteligência, e que permaneceu como uma força vital na vida dela até o seu triste

---

27. Ver Goldman, "A tragédia da mulher emancipada". Em: *Sobre anarquismo, sexo e casamento*. Trad. Mariana Lins. São Paulo: Hedra, 2021.

fim. Este homem foi Dyer D. Lum, o camarada de Albert Parsons e, como ele, coeditor do jornal anarquista *The Alarm*, publicado em Chicago até pouco antes da morte de Parsons.[28] O quanto a amizade dos dois significou para Voltairine pode ser visto na

28. Albert Parsons foi um dos cinco anarquistas condenados à morte por conspiração no caso Haymarket. Era então casado com a famosa anarquista negra Lucy Parsons. August Spies, outro dos condenados à morte, era editor do jornal *Arbeiter Zeitung*, espécie de versão alemã do *The Alarm* direcionada a imigrantes. Por meio do trabalho de Parsons e Spies, construiu-se uma ponte entre imigrantes e estadunidenses no que diz respeito ao movimento anarquista nos Estados Unidos, que tinha Chicago como *a sua Meca*. Cerca de um ano antes do incidente em Haymarket, eles vinham publicando diversos artigos em que era clara a incitação ao uso da violência nos métodos revolucionários. Segundo Paul Avrich, no seu *The Haymarket Tragedy*, de 1984, os dois jornais buscaram incitar os leitores a estudar livros escolares de química e a composição de todos os tipos de explosivo, como forma de autodefesa dos trabalhadores contra o derramamento de sangue, recorrente na repressão policial e militar. Tanto o *The Alarm* como o *Arbeiter Zeitung* foram suspensos na manhã seguinte à tragédia em Haymarket e seus membros foram presos, uma vez que se encontravam alocados no mesmo prédio. Vale dizer que os panfletos veiculados às pressas pelos dois jornais convocando a fatídica reunião em Haymarket, no dia 4, falavam abertamente em vingança pelas mortes dos grevistas nas mãos da polícia e conclamavam os irmãos de luta às armas após o incidente na *McCormick Harvesting Machine Company*. No dia anterior, foi imediatamente disseminada a notícia de que a polícia havia vitimado seis grevistas em vez de dois, como parece que foi o caso, o que inflamou ainda mais os ânimos dos radicais. Ainda de acordo com Avrich, Dyer D. Lum, que contribuía assiduamente no jornal com artigos, editoriais, traduções e poemas, só veio a se tornar o seu editor após essa suspensão. Com Parsons na prisão, Lum, que na época do incidente vivia em Nova York, mudou-se para Chicago com o objetivo de retomar a publicação do jornal, o que conseguiu em novembro de 1886, precisamente cinco dias antes da execução dos cinco condenados. Nessa edição, foi publicada uma nota do próprio Parsons encorajando os seus companheiros a prosseguir com a luta, como também uma declaração de Lum explicando as razões que levaram à suspensão do jornal. Interessante mencionar que o bilhete suicida de Louis Lingg, que se suicidou com um detonador em sua cela na véspera da execução, também foi publicado no *The Alarm* sob o comando editorial de Lum. Mais do que isso, foi Lum quem forneceu a Lingg o detonador que o mataria após seis horas de agonia, à véspera de sua execução. Seja como for, após duas suspensões, as atividades do jornal foram definitivamente encerradas entre o final de 1888 e o início de 1889.

sua bela homenagem a Dyer D. Lum, registrada no seu poema *In Memoriam* do qual cito a última estrofe:[29]

> Oh, Vida, eu te amo por amor a ele
> Quem me mostrou toda a sua glória e toda a sua dor!
> *Até o Nirvana* — assim cantam os tons profundos —
> E lá — e lá — nós — seremos — um — novamente.[30]

Medida pelo padrão comum, Voltairine de Cleyre era tudo menos normal no que diz respeito aos seus sentimentos e reações. Afortunadamente, as grandes personalidades do mundo não podem ser mensuradas em números e escalas; seu valor reside no significado e no propósito que dão à existência, e Voltairine, sem dúvida, enriqueceu a vida de significado e lhe ofereceu um idealismo sublime como propósito. Seja como for, para o estudo

---

29. Lum cometeu suicídio em 1893, após uma depressão severa. Ele nunca se conformou com o fato de que nenhuma retaliação da parte dos radicais anarquistas tivesse sido empreendida de modo a vingar os mártires de Chicago. Ele mesmo teve a pretensão de libertar os condenados à morte antes da execução, por meio de explosões em diferentes pontos da cidade e um ataque armado ao presídio, mas não houve nenhuma ação nesse sentido. Lum era um defensor convicto de táticas terroristas, e o fato de ele mesmo ter falhado nisso, ao que parece, foi motivo para que nunca perdoasse a si mesmo. A memória da tragédia de Haymarket o dominou completamente. Lemos em algumas de suas cartas a Voltairine de Cleyre, anos depois da tragédia, que ele chegou a contemplar o suicídio como um ato de protesto e vingança, mas com a depressão, acompanhada do abuso de álcool e opiáceos, cometeu suicídio na decadência de um quarto de albergue em Nova York, ao ingerir uma cápsula de veneno.

30. Dyer D. Lum era também um estudioso e admirador da doutrina budista, cuja negação da individualidade associava, em certa medida, ao espírito revolucionário. De todo modo, ele vai além da mera relação secular ao afirmar, por exemplo, que seria o budismo e não o cristianismo "o verdadeiro método de salvação". Há quem diga que Lum teria sido o primeiro estadunidense de ascendência europeia a defender o budismo publicamente, embora tenha escrito pouco sobre o tema e apenas nos anos de juventude. Seu poema intitulado "Nirvana" foi publicado postumamente no *Mother Earth*, em 1916. Na sua dedicatória ao amado, "Dyer D. Lum", escrita logo após a sua morte, de Cleyre esclarece sua filiação filosófica: "Seus poemas são todos marcados pela sua filosofia profundamente pessimista e sombria, um estranho produto dos primeiros estudos budistas e mais tarde do mergulho nas filosofias de Schopenhauer e Von Hartmann".

das complexidades humanas, ela também oferece um rico material. A mulher que se consagrou ao serviço dos miseráveis, que efetivamente experimentou agonia profunda ante a visão do sofrimento, fosse de crianças ou de animais (ela era obcecada pelo amor aos animais e dava abrigo e alimento a todos os cães e gatos de rua, até o ponto de romper com uma amiga por ela ter criticado o fato de que havia gatos em todos os cantos da casa), a mulher que amou sua mãe devotadamente, garantindo-lhe a subsistência à custa de sua própria necessidade — a essa camarada tão generosa, cujo coração ia ao socorro de todos aqueles que estavam na dor ou na tristeza, faltou quase que completamente o menor vestígio de instinto materno. Talvez porque o seu coração nunca tenha tido a chance de afirmar a si mesmo numa atmosfera de liberdade e harmonia. A única criança que trouxe ao mundo não foi desejada. Voltairine ficou gravemente doente durante todo o período de gravidez, o nascimento do filho quase custou a vida da mãe. Sua situação foi agravada pelo rompimento complicado, nesta mesma época, com o pai da criança. A atmosfera puritana sufocante sob a qual os dois viviam não contribuiu para melhor as coisas. Tudo isso resultou na mudança frequente da criança de um lugar para outro, chegando inclusive a ser usada pelo pai como isca para obrigar Voltairine a voltar para ele. Posteriormente, privada da possibilidade de ver o filho, sem sequer ser informada do seu paradeiro, ela gradualmente foi perdendo a ligação. Muitos anos se passaram até que visse o menino novamente, que então tinha dezessete anos de idade. Todos os seus esforços para melhorar a educação excessivamente negligenciada do filho fracassaram. Eles eram estranhos um ao outro. Talvez fosse algo natural que um filho do sexo masculino se sentisse como a maioria dos homens que passaram em sua vida: intimidado pelo seu intelecto, repelido pelo seu modo de vida austero. Ele seguiu seu caminho. E provavelmente é hoje um daqueles 100% americanos,[31] medíocre e estúpido.

Entretanto, Voltairine de Cleyre amava a juventude e a compreendia como poucos adultos são capazes. Do modo que lhe era caraterístico, escreveu a um jovem amigo surdo, com quem era difícil conversar oralmente:

> Por que você diz que está se afastando cada vez mais daqueles que lhe são queridos? Não acho que a sua experiência no que diz respeito a esse ponto se deva à sua surdez; mas ao acúmulo de vida que há em você. Todas as criaturas jovens sentem que a hora chegou quando uma nova enxurrada de vida as ultrapassa, impulsionando-as a seguir adiante, sem que saibam para onde. E perdem toda a segurança que tinham na infância e no amor parental, e quase sufocam com a pressão das forças no seu interior. E mesmo que escutem, encontram-se distraídas, inquietas, a procurar por algo de definitivo que esteja por vir.
>
> Parece-lhe que isso é a sua surdez; e muito embora ela seja uma coisa terrível, você não deve pensar que o problema da sua solidão seria resolvido se você pudesse escutar. Eu bem sei como a sua alma terá de lutar contra a inevitabilidade da sua privação; eu também nunca pude ficar satisfeita e resignada com o "inevitável". Lutei contra ele mesmo quando não havia qualquer utilidade ou esperança. Seja como for, a principal causa da solidão é, como disse, essa enxurrada de vida, que com o tempo encontrará a sua expressão adequada.

Ela conhecia muito bem "a enxurrada de vida" e a tragédia de buscar em vão por um escoadouro, posto que nela isso foi reprimido por tanto tempo que raramente conseguia dar vazão, com a exceção dos seus escritos. Ela tinha pavor de "companhia" e das multidões, ainda que se sentisse à vontade na plataforma; evitava a proximidade. Sua reserva e isolamento, sua incapacidade de

---

31. Expressão utilizada, entre a segunda metade do século XIX e a primeira metade do século XX, para designar pessoas nascidas nos Estados Unidos de ascendência branca, europeia e, em geral, protestante sem sinais ou histórico de miscigenação. Em um contexto em que a classificação racial se baseava, legalmente, no que ficou conhecido como *regra de uma gota* — que uma pessoa com qualquer ascendência negra, por mais inexpressiva que fosse, deveria ser considerada negra —, tal expressão era tudo menos metafórica. Não por acaso, foi adotada em 1920 como lema por membros da Ku Klux Klan.

quebrar o muro erguido pelos anos de silêncio no convento e nos quais esteve gravemente doente podem ser vistos numa carta a um jovem correspondente seu:

Na maioria das vezes, eu evito pessoas e conversas, especialmente conversas. Com exceção de poucas pouquíssimas pessoas, odeio estar na companhia dos outros. Veja você que (por uma série de razões que não posso explicar a ninguém) tive de deixar a casa e os amigos do lugar onde morei por vinte anos. E não importa quão boas as pessoas sejam para mim, nunca me sinto em casa em lugar nenhum. Sinto-me como uma criatura errante e perdida que não tem lugar e que não pode encontrar qualquer coisa que a faça se sentir em casa. Este é o porquê de eu não falar muito com você, nem com os outros (exceto os dois ou três que eu conheci no leste). Estou sempre distante. Não posso evitar. Estou muito velha para aprender a gostar de coisas novas. Mesmo quando estava em casa nunca falei muito, exceto com uma ou duas pessoas. Sinto muito. Não é que eu queira ser taciturna, mas simplesmente não consigo suportar a companhia dos outros. Você não percebeu que não gosto de me sentar à mesa quando há estranhos? E está ficando pior com o tempo. Não se preocupe com isso.

Apenas em raras ocasiões, Voltairine de Cleyre pôde se comunicar livremente, doar a riqueza de sua alma àqueles que a amavam e a compreendiam. Ela era uma observadora atenta das pessoas e seus hábitos, detectava rapidamente a falsidade, era capaz de separar o joio do trigo. Nessas ocasiões, seus comentários eram sempre penetrantes, entremeados com um humor tranquilo e suave. Ela costumava contar uma anedota interessante sobre alguns policiais que haviam ido no seu encalço com o objetivo de prendê-la. Foi no ano de 1907, na Filadélfia, em que os guardiães da lei invadiram sua casa. Eles ficaram muito surpresos ao descobrir que Voltairine não se parecia em nada com o que viam nos jornais anarquistas tradicionais. Aparentemente, até lamentaram por ter de prendê-la, mas eram *ordens deles*, declararam com pesar. Fizeram uma busca no seu apartamento, espalharam para todos os lados os seus livros e papéis até que, finalmente, descobriram uma cópia dos seus poemas revolucionários, cujo título era *A reviravolta do verme*.[32] Com desprezo, jogaram o livro de lado. "Que inferno, é só um livro sobre vermes", disseram.

Foram raros os momentos em que Voltairine conseguiu superar sua timidez e reserva, e realmente se sentir à vontade com alguns poucos amigos seletos. Sua inclinação natural, agravada pela dor física constante e o zumbido ensurdecedor em seus ouvidos tornaram-na taciturna e de difícil comunicação. Ela era sombria, com os males do mundo a pesar dolorosamente sobre seus ombros. Viu a vida principalmente em tons de cinza e preto e a pintou desta maneira. E foi isto o que impediu Voltairine de se tornar um dos maiores escritores do seu tempo.

Mas ninguém que seja capaz de apreciar a qualidade literária e a musicalidade da prosa, negará a Voltairine de Cleyre a grandiosidade, após ler as histórias e pequenas composições literárias aqui mencionadas e todos os demais textos contidos na sua obra completa.[33] Particularmente, o seu "Os acorrentados",[34] no qual retrata os negros condenados ao trabalho escravo nas rodovias do sul, é uma pérola literária que encontra poucas obras na literatura de língua inglesa que lhe sejam equiparáveis, dada a beleza do seu estilo, o sentimento e poder descritivo. Seus ensaios são muito contundentes, dotados de extrema clareza de pensamento e originalidade de expressão. Mesmo os seus poemas, embora um tanto antiquados na forma, estão muito acima de boa parte do que hoje é chamado de poesia.

Voltairine, porém, não acreditava na "arte pela arte". Para ela, a arte era o meio e o veículo de fazer ecoar a vida nos seus fluxos e

---

32. No original, *The Worm Turns*. Embora aqui a expressão tenha sido traduzida praticamente no seu sentido literal, trata-se de uma expressão idiomática da língua inglesa que indica a situação em que uma pessoa, ou um grupo de pessoas, mantida sob opressão subitamente ganha forças para se insurgir contra a submissão.
33. *Selected Works by Voltairine de Cleyre*, publicado pela Mother Earth Publishing Association, Nova York, 1914. [N. A.]
34. No original, *Chain Gang*. Termo utilizado para designar um grupo de trabalhadores negros escravizados e acorrentados.

refluxos, em todos os seus aspectos mais duros, para aqueles que labutam e sofrem, que sonham com a liberdade e dedicam suas vidas à sua realização. Ainda mais significativa do que a arte, foi a vida de Voltairine de Cleyre, marcada por um heroísmo supremo movido e estimulado pela sua sempre presente *ideia dominante*. O profeta é um estrangeiro em sua própria terra. Mais estrangeiro ainda é o profeta americano. Pergunte a qualquer um desses 100% americanos o que eles sabem sobre os homens e mulheres verdadeiramente grandiosos de seu país, sobre as almas superiores que doam inspiração à vida e beleza, sobre os professores dos novos valores. Nenhum deles será capaz de nomeá-los. Como, então, poderiam conhecer o espírito maravilhoso que nasceu numa cidadezinha qualquer do Estado de Michigan, que viveu na pobreza toda sua vida, mas que por pura força de vontade arrancou-se da sepultura em que foi enterrada viva, limpou sua mente da escuridão da superstição e virou seu rosto para o sol, percebeu um grande ideal e o disseminou com determinação por todos os cantos de sua terra natal? A verdade é que os 100% americanos se sentem mais confortáveis quando não há ninguém para perturbar sua monotonia. Somente os poucos que têm suas almas imersas em dor, que anseiam por amplitude e visão necessitam conhecer Voltairine de Cleyre. Necessitam saber que o solo americano, às vezes, produz excelentes frutos. Essa consciência será encorajadora. É para eles que o presente texto foi escrito, é para eles que Voltairine de Cleyre, cujo corpo jaz em Waldheim, foi aqui ressuscitada espiritualmente tal como era: como a poetisa-rebelde, a artista amante da liberdade, a maior das mulheres anarquistas da América. De forma muito mais vívida do que qualquer descrição minha, as palavras da própria Voltairine de Cleyre, no último parágrafo de *A construção de uma anarquista*, expressam a sua verdadeira personalidade:

Satiristas bonachões costumam dizer que "a melhor maneira de curar um anarquista é lhe dar uma fortuna em dinheiro". Caso substituíssem "curar" por "corromper", eu subscreveria essas palavras; e é por não acreditar que sou melhor do que o resto dos mortais, que só posso dizer que espero, do fundo do meu coração –– uma vez que trabalhar tem sido a minha sina, e trabalhar duro, e não em troca de qualquer fortuna ––, que eu possa continuar assim até o fim dos meus dias; que me seja permitido manter a integridade da minha alma, com todas as limitações das minhas condições materiais, em vez de eu me tornar uma criação de necessidades materiais, sem sangue nas veias e sem ideal. Minha recompensa é viver entre os jovens; é andar passo a passo junto aos meus camaradas; morrerei trabalhando com o meu rosto voltado para o leste — o *Leste* e a *Luz*.

COLEÇÃO «HEDRA EDIÇÕES»

1. *A metamorfose*, Kafka
2. *O príncipe*, Maquiavel
3. *Jazz rural*, Mário de Andrade
4. *O chamado de Cthulhu*, H. P. Lovecraft
5. *Ludwig Feuerbach e o fim da filosofia clássica alemã*, Friederich Engels
6. *Hino a Afrodite e outros poemas*, Safo de Lesbos
7. *Præterita*, John Ruskin
8. *Manifesto comunista*, Marx e Engels
9. *Rashômon e outros contos*, Akutagawa
10. *Memórias do subsolo*, Dostoiévski
11. *Teogonia*, Hesíodo
12. *Trabalhos e dias*, Hesíodo
13. *O contador de histórias e outros textos*, Walter Benjamin
14. *Diário parisiense e outros escritos*, Walter Benjamin
15. *Fábula de Polifemo e Galateia e outros poemas*, Góngora
16. *Pequenos poemas em prosa*, Baudelaire
17. *Ode ao Vento Oeste e outros poemas*, Shelley
18. *Poemas*, Byron
19. *Sonetos*, Shakespeare
20. *Cântico dos cânticos*, [Salomão]
21. *Balada dos enforcados e outros poemas*, Villon
22. *Ode sobre a melancolia e outros poemas*, Keats
23. *Robinson Crusoé*, Daniel Defoe
24. *Dissertação sobre as paixões e outros textos*, David Hume
25. *A morte de Ivan Ilitch*, Liev Tolstói
26. *Don Juan*, Molière
27. *Contos indianos*, Mallarmé
28. *Triunfos*, Petrarca
29. *O retrato de Dorian Gray*, Wilde
30. *A história trágica do Doutor Fausto*, Marlowe
31. *Os sofrimentos do jovem Werther*, Goethe
32. *Dos novos sistemas na arte*, Maliévitch
33. *Metamorfoses*, Ovídio
34. *Micromegas e outros contos*, Voltaire
35. *O sobrinho de Rameau*, Diderot
36. *Carta sobre a tolerância*, Locke
37. *Discursos ímpios*, Sade
38. *Dao De Jing*, Lao Zi
39. *O fim do ciúme e outros contos*, Proust
40. *Fé e saber*, Hegel
41. *Joana d'Arc*, Michelet
42. *Livro dos mandamentos: 248 preceitos positivos*, Maimônides
43. *Eu acuso!*, Zola | *O processo do capitão Dreyfus*, Rui Barbosa
44. *Apologia de Galileu*, Campanella
45. *Sobre verdade e mentira*, Nietzsche
46. *A vida é sonho*, Calderón
47. *Sagas*, Strindberg
48. *O mundo ou tratado da luz*, Descartes
49. *A vênus das peles*, Sacher-Masoch
50. *Escritos sobre arte*, Baudelaire
51. *Americanismo e fordismo*, Gramsci
52. *Sátiras, fábulas, aforismos e profecias*, Da Vinci
53. *O cego e outros contos*, D.H. Lawrence
54. *Imitação de Cristo*, Tomás de Kempis

55. *O casamento do Céu e do Inferno*, Blake
56. *Flossie, a Vênus de quinze anos*, [Swinburne]
57. *Teleny, ou o reverso da medalha*, [Wilde et al.]
58. *A filosofia na era trágica dos gregos*, Nietzsche
59. *No coração das trevas*, Conrad
60. *Viagem sentimental*, Sterne
61. *Arcana Cœlestia e Apocalipsis revelata*, Swedenborg
62. *Saga dos Volsungos*, Anônimo do séc. XIII
63. *Um anarquista e outros contos*, Conrad
64. *A monadologia e outros textos*, Leibniz
65. *Cultura estética e liberdade*, Schiller
66. *Poesia basca: das origens à Guerra Civil*
67. *Poesia catalã: das origens à Guerra Civil*
68. *Poesia espanhola: das origens à Guerra Civil*
69. *Poesia galega: das origens à Guerra Civil*
70. *O pequeno Zacarias, chamado Cinábrio*, E.T.A. Hoffmann
71. *Um gato indiscreto e outros contos*, Saki
72. *Viagem em volta do meu quarto*, Xavier de Maistre
73. *Hawthorne e seus musgos*, Melville
74. *Feitiço de amor e outros contos*, Ludwig Tieck
75. *O corno de si próprio e outros contos*, Sade
76. *Investigação sobre o entendimento humano*, Hume
77. *Sobre os sonhos e outros diálogos*, Borges | Osvaldo Ferrari
78. *Sobre a filosofia e outros diálogos*, Borges | Osvaldo Ferrari
79. *Sobre a amizade e outros diálogos*, Borges | Osvaldo Ferrari
80. *A voz dos botequins e outros poemas*, Verlaine
81. *Gente de Hemsö*, Strindberg
82. *Senhorita Júlia e outras peças*, Strindberg
83. *Correspondência*, Goethe | Schiller
84. *Poemas da cabana montanhesa*, Saigyō
85. *Autobiografia de uma pulga*, [Stanislas de Rhodes]
86. *A volta do parafuso*, Henry James
87. *Carmilla — A vampira de Karnstein*, Sheridan Le Fanu
88. *Pensamento político de Maquiavel*, Fichte
89. *Inferno*, Strindberg
90. *Contos clássicos de vampiro*, Byron, Stoker e outros
91. *O primeiro Hamlet*, Shakespeare
92. *Noites egípcias e outros contos*, Púchkin
93. *Jerusalém*, Blake
94. *As bacantes*, Eurípides
95. *Emília Galotti*, Lessing
96. *Viagem aos Estados Unidos*, Tocqueville
97. *Émile e Sophie ou os solitários*, Rousseau
98. *A fábrica de robôs*, Karel Tchápek
99. *Sobre a filosofia e seu método — Parerga e paralipomena (v. II, t. 1)*, Schopenhauer
100. *O novo Epicuro: as delícias do sexo*, Edward Sellon
101. *Sobre a liberdade*, Mill
102. *A velha Izerguil e outros contos*, Górki
103. *Pequeno-burgueses*, Górki
104. *Primeiro livro dos Amores*, Ovídio
105. *Educação e sociologia*, Durkheim
106. *A nostálgica e outros contos*, Papadiamántis
107. *Lisístrata*, Aristófanes
108. *A cruzada das crianças/ Vidas imaginárias*, Marcel Schwob
109. *O livro de Monelle*, Marcel Schwob
110. *A última folha e outros contos*, O. Henry
111. *Romanceiro cigano*, Lorca

112. *Sobre o riso e a loucura*, [Hipócrates]
113. *Ernestine ou o nascimento do amor*, Stendhal
114. *Odisseia*, Homero
115. *O estranho caso do Dr. Jekyll e Mr. Hyde*, Stevenson
116. *Sobre a ética — Parerga e paralipomena (v. II, t. II)*, Schopenhauer
117. *Contos de amor, de loucura e de morte*, Horacio Quiroga
118. *A arte da guerra*, Maquiavel
119. *Elogio da loucura*, Erasmo de Rotterdam
120. *Oliver Twist*, Charles Dickens
121. *O ladrão honesto e outros contos*, Dostoiévski
122. *Sobre a utilidade e a desvantagem da história para a vida*, Nietzsche
123. *Édipo Rei*, Sófocles
124. *Fedro*, Platão
125. *A conjuração de Catilina*, Salústio
126. *Escritos sobre literatura*, Sigmund Freud
127. *O destino do erudito*, Fichte
128. *Diários de Adão e Eva*, Mark Twain
129. *Diário de um escritor (1873)*, Dostoiévski
130. *Perversão: a forma erótica do ódio*, Stoller
131. *Explosao: romance da etnologia*, Hubert Fichte

COLEÇÃO «METABIBLIOTECA»

1. *O desertor*, Silva Alvarenga
2. *Tratado descritivo do Brasil em 1587*, Gabriel Soares de Sousa
3. *Teatro de êxtase*, Pessoa
4. *Oração aos moços*, Rui Barbosa
5. *A pele do lobo e outras peças*, Artur Azevedo
6. *Tratados da terra e gente do Brasil*, Fernão Cardim
7. *O Ateneu*, Raul Pompeia
8. *História da província Santa Cruz*, Gandavo
9. *Cartas a favor da escravidão*, Alencar
10. *Pai contra mãe e outros contos*, Machado de Assis
11. *Democracia*, Luiz Gama
12. *Liberdade*, Luiz Gama
13. *A escrava*, Maria Firmina dos Reis
14. *Contos e novelas*, Júlia Lopes de Almeida
15. *A família Medeiros*, Júlia Lopes de Almeida
16. *A viúva Simões*, Júlia Lopes de Almeida
17. *Memórias de Marta*, Júlia Lopes de Almeida
18. *A falência*, Júlia Lopes de Almeida
19. *Poesia completa*, Florbela Espanca
20. *Memória*, Florbela Espanca
21. *Esaú e Jacó*, Machado de Assis
22. *Helena*, Machado de Assis
23. *Memorial de Aires*, Machado de Assis
24. *Casa Velha*, Machado de Assis
25. *Um suplício moderno e outros contos*, Monteiro Lobato
26. *Transposição*, Orides Fontela
27. *Helianto*, Orides Fontela
28. *Alba*, Orides Fontela
29. *Rosácea*, Orides Fontela
30. *Teia e Poemas inéditos*, Orides Fontela ☒
31. *Iracema*, Alencar

32. *Auto da barca do Inferno*, Gil Vicente
33. *Poemas completos de Alberto Caeiro*, Pessoa
34. *A cidade e as serras*, Eça
35. *Mensagem*, Pessoa
36. *Utopia Brasil*, Darcy Ribeiro
37. *Bom Crioulo*, Adolfo Caminha
38. *Índice das coisas mais notáveis*, Vieira
39. *A carteira de meu tio*, Macedo
40. *Elixir do pajé — poemas de humor, sátira e escatologia*, Bernardo Guimarães
41. *Eu*, Augusto dos Anjos
42. *Farsa de Inês Pereira*, Gil Vicente
43. *O cortiço*, Aluísio Azevedo
44. *O que eu vi, o que nós veremos*, Santos-Dumont
45. *Poesia Vaginal*, Glauco Mattoso

COLEÇÃO «QUE HORAS SÃO?»

1. *Lulismo, carisma pop e cultura anticrítica*, Tales Ab'Sáber
2. *Crédito à morte*, Anselm Jappe
3. *Universidade, cidade e cidadania*, Franklin Leopoldo e Silva
4. *O quarto poder: uma outra história*, Paulo Henrique Amorim
5. *Dilma Rousseff e o ódio político*, Tales Ab'Sáber
6. *Descobrindo o Islã no Brasil*, Karla Lima
7. *Michel Temer e o fascismo comum*, Tales Ab'Sáber
8. *Lugar de negro, lugar de branco?*, Douglas Rodrigues Barros
9. *Machismo, racismo, capitalismo identitário*, Pablo Polese
10. *A linguagem fascista*, Carlos Piovezani & Emilio Gentile
11. *A sociedade de controle*, J. Souza; R. Avelino; S. Amadeu (orgs.)
12. *Ativismo digital hoje*, R. Segurado; C. Penteado; S. Amadeu (orgs.)
13. *Desinformação e democracia*, Rosemary Segurado
14. *Labirintos do fascismo, vol. 1*, João Bernardo
15. *Labirintos do fascismo, vol. 2*, João Bernardo
16. *Labirintos do fascismo, vol. 3*, João Bernardo
17. *Labirintos do fascismo, vol. 4*, João Bernardo
18. *Labirintos do fascismo, vol. 5*, João Bernardo
19. *Labirintos do fascismo, vol. 6*, João Bernardo
20. *A revolta nas ruas*, Matheus Marestoni
21. *As ruínas de junho*, Daniel Souza

COLEÇÃO «MUNDO INDÍGENA»

1. *A árvore dos cantos*, Pajés Parahiteri
2. *O surgimento dos pássaros*, Pajés Parahiteri
3. *O surgimento da noite*, Pajés Parahiteri
4. *Os comedores de terra*, Pajés Parahiteri
5. *A terra uma só*, Timóteo Verá Tupã Popyguá
6. *Os cantos do homem-sombra*, Patience Epps e Danilo Paiva Ramos
7. *A mulher que virou tatu*, Eliane Camargo
8. *Crônicas de caça e criação*, Uirá Garcia
9. *Círculos de coca e fumaça*, Danilo Paiva Ramos
10. *Nas redes guarani*, Valéria Macedo & Dominique Tilkin Gallois
11. *Os Aruaques*, Max Schmidt
12. *Cantos dos animais primordiais*, Ava Ñomoandyja Atanásio Teixeira

13. *Não havia mais homens*, Luciana Storto

COLEÇÃO «NARRATIVAS DA ESCRAVIDÃO»

1. *Incidentes da vida de uma escrava*, Harriet Jacobs
2. *Nascidos na escravidão: depoimentos norte-americanos*, WPA
3. *Narrativa de William W. Brown, escravo fugitivo*, William Wells Brown

COLEÇÃO «ANARC»

1. *Sobre anarquismo, sexo e casamento*, Emma Goldman
2. *Ação direta e outros escritos*, Voltairine de Cleyre
3. *O indivíduo, a sociedade e o Estado, e outros ensaios*, Emma Goldman
4. *O princípio anarquista e outros ensaios*, Kropotkin
5. *Os sovietes traídos pelos bolcheviques*, Rocker
6. *Escritos revolucionários*, Malatesta
7. *O princípio do Estado e outros ensaios*, Bakunin
8. *História da anarquia (vol. 1)*, Max Nettlau
9. *História da anarquia (vol. 2)*, Max Nettlau
10. *Entre camponeses*, Malatesta
11. *Revolução e liberdade: cartas de 1845 a 1875*, Bakunin
12. *Anarquia pela educação*, Élisée Reclus

Adverte-se aos curiosos que se imprimiu este livro na gráfica Meta Brasil, na data de 4 de maio de 2023, em papel pólen soft, composto em tipologia Minion Pro e Formular, com diversos sofwares livres, dentre eles LuaLaTeXe git.
(v. d81c04d)